U0463042

崇文国学经典

道德经

靳永　胡晓锐　译注

微信/抖音扫码查看
☑ 国学大讲堂
☑ 经典名句摘抄
☑ 国学精粹解读

长江出版传媒｜崇文书局

图书在版编目（CIP）数据

道德经 / 靳永，胡晓锐译注 . -- 武汉：崇文书局，
2023.4
　（崇文国学经典）
　ISBN 978-7-5403-7156-2

　Ⅰ．①道… Ⅱ．①靳… ②胡… Ⅲ．①道家②《道德
经》－译文③《道德经》－注释 Ⅳ．① B223.1

中国国家版本馆 CIP 数据核字（2023）第 039520 号

出 品 人　韩　敏
丛书统筹　李慧娟
责任编辑　郑小华
责任校对　董　颖
装帧设计　甘淑媛
责任印制　李佳超

道德经
DAODEJING

出版发行　 长江出版传媒 ｜ 崇 文 书 局
地　　址　武汉市雄楚大街 268 号 C 座 11 层
电　　话　(027)87677133　邮政编码　430070
印　　刷　湖北恒泰印务有限公司
开　　本　880 mm×1230 mm　　1/32
印　　张　5.5
字　　数　130 千
版　　次　2023 年 4 月第 1 版
印　　次　2023 年 4 月第 1 次印刷
定　　价　33.00 元

（如发现印装质量问题，影响阅读，由本社负责调换）

总　序

　　现代意义的"国学"概念，是在 19 世纪西学东渐的背景下，为了保存和弘扬中国优秀传统文化而提出来的。1935 年，王缁尘在世界书局出版了《国学讲话》一书，第 3 页有这样一段说明："庚子义和团一役以后，西洋势力益膨胀于中国，士人之研究西学者日益众，翻译西书者亦日益多，而哲学、伦理、政治诸说，皆异于旧有之学术。于是概称此种书籍曰'新学'，而称固有之学术曰'旧学'矣。另一方面，不屑以旧学之名称我固有之学术，于是有发行杂志，名之曰《国粹学报》，以与西来之学术相抗。'国粹'之名随之而起。继则有识之士，以为中国固有之学术，未必尽为精粹也，于是将'保存国粹'之称，改为'整理国故'，研究此项学术者称为'国故学'……"从"旧学"到"国故学"，再到"国学"，名称的改变意味着褒贬的不同，反映出身处内忧外患之中的近代诸多有识之士对中国优秀传统文化失落的忧思和希望民族振兴的宏大志愿。

　　从学术的角度看，国学的文献载体是经、史、子、集。崇文书局的这一套国学经典，就是从传统的经、史、子、集中精选出来的。属于经部的，如《诗经》《论语》《孟子》《周易》《大学》《中庸》《左传》；属于史部的，如《史记》《三国志》《资治通鉴》《徐霞客游记》；属于子部的，如《道德经》《庄子》《孙子兵法》《山海经》《黄帝内经》《世说新语》《茶经》《容斋随笔》；属于集部的，如《楚辞》《古诗十九首》《乐府诗选》《古文观止》。这套书内容丰富，而分量适中。一个希望对中国优秀传统文化有所了解的人，读了这些书，一般说来，犯常识性错误的可能性就很小了。

崇文书局之所以出版这套国学经典，不只是为了普及国学常识，更重要的目的是，希望有助于国民素质的提高。在国学教育中，有一种倾向需要警惕，即把中国优秀的传统文化"博物馆化"。"博物馆化"是20世纪中叶美国学者列文森在《儒教中国及其现代命运》中提出的一个术语。列文森认为，中国传统文化在很多方面已经被博物馆化了。虽然中国传统的经典依然有人阅读，但这已不属于他们了。"不属于他们"的意思是说，这些东西没有生命力，在社会上没有起到提升我们生活品格的作用。很多人阅读古代经典，就像参观埃及文物一样。考古发掘出来的珍贵文物，和我们的生命没有多大的关系，和我们的生活没有多大关系，这就叫作博物馆化。"博物馆化"的国学经典是没有现实生命力的。要让国学经典恢复生命力，有效的方法是使之成为生活的一部分。崇文书局之所以坚持经典普及的出版思路，深意在此，期待读者在阅读这些经典时，努力用经典来指导自己的内外生活，努力做一个有高尚的人格境界的人。

国学经典的普及，既是当下国民教育的需要，也是中华民族健康发展的需要。章太炎曾指出，了解本民族文化的过程就是一个接受爱国主义教育的过程："仆以为民族主义如稼穑然，要以史籍所载人物制度、地理风俗之类为之灌溉，则蔚然以兴矣。不然，徒知主义之可贵，而不知民族之可爱，吾恐其渐就萎黄也。"（《答铁铮》）优秀的传统文化中,那些与维护民族的生存、发展和社会进步密切相关的思想、感情,构成了一个民族的核心价值观。我们经常表彰"中国的脊梁",一个毋庸置疑的事实是,近代以前,"中国的脊梁"都是在传统的国学经典的熏陶下成长起来的。所以,读崇文书局的这一套国学经典普及读本,虽然不必正襟危坐,也不必总是花大块的时间,更不必像备考那样一字一句锱铢必较,但保持一种敬重的心态是完全必要的。

期待读者诸君喜欢这套书,期待读者诸君与这套书成为形影相随的朋友。

陈文新

（教育部长江学者特聘教授,武汉大学杰出教授）

3

前 言

　　老子是道家思想的始祖,他的生平在《史记·老子韩非列传》里有简单的记载。他是楚国苦县厉乡曲仁里人,姓李,名耳,字伯阳(一说字聃),曾经做过周朝皇家图书馆的"史官"。在他的传记里,最为人所乐道的就是孔子曾经向他请教过关于"礼"的问题:

　　孔子适周,将问礼于老子。老子曰:"子所言者,其人与骨皆已朽矣,独其言在耳。且君子得其时则驾,不得其时则蓬累而行。吾闻之,良贾深藏若虚,君子盛德,容貌若愚。去子之骄气与多欲,态色与淫志,是皆无益于子之身。吾所以告子,若是而已。"孔子去,谓弟子曰:"鸟,吾知其能飞;鱼,吾知其能游;兽,吾知其能走。走者可以为罔,游者可以为纶,飞者可以为矰。至于龙,吾不能知,其乘风云而上天。吾今日见老子,其犹龙邪!"

　　孔子是当时最博学、最有智慧的人之一,他一见老子,惊他为龙一般的人物,能乘风云而上天,思想的触角远远超出了自己知识了解的范围,进入了自由境界。儒家思想一统天下后,先秦时代百家争鸣的诸子思想纷纷被冠以异端,遭到攻讦。老子是一个例外,无论儒家还是释家,对他均无异词。《道德经》一书,也屡屡为儒家、释家的学者攻习、称引,成为中国传统思想最重要的资源之一。这和孔子的钦服是有关系的。

《史记·老子韩非列传》里还讲到了《道德经》一书的成书过程:

老子修道德,其学以自隐无名为务。居周久之,见周之衰,乃遂去。至关,关令尹喜曰:"子将隐矣,强为我著书。"于是老子乃著书上下篇,言道德之意五千余言而去,莫知其所终。或曰:老莱子亦楚人也,著书十五篇,言道家之用,与孔子同时云。盖老子百有六十余岁,或言二百余岁,以其修道而养寿也。

老子看到周道将衰,就萌生归隐之意。他出关的时候,在守卫长官喜的要求下,将他的思想用简短的五千余字记载下来。老子思想的流传,真要感谢这位名叫喜的官员。否则,按照《道德经》里的思想,他要绝圣弃智,使老百姓重新回到结绳记事的时代,怎么会为后世著书立说呢!后代尊崇道家思想的人,喜欢画老子出关图。老子骑在一头青牛上,关令尹喜也往往成为这图画里的一员。

儒家和道家两派都对中国文化的发展产生过巨大的影响,但他们思考问题、观察世界的方法是不同的,同时,他们所思考、观察的范围也不同。儒家讲究修身、齐家、治国、平天下,更注重实际的人生、社会、道德、政治。这些问题的讨论,常常与道德、礼仪联系起来。这就使儒家思想与社会人生密切联系,而宇宙世界则不在其讨论的范围或重点之内。道家则不同。老子哲学大大扩展了中国人思考的空间,大大改变了中国人思考问题的方法。老子使中国人思考的目光由家常日用扩大到宇宙空间,思考问题的方法也由单一的正的方法变而为正、负的方法都尝试。他思想的触角常常远及宏阔辽远的宇宙空间,又能拉近到最微细实在的家常日用。他从"道"考虑到"器",从形而上考虑到形而下。依照老子论述问题的思路,他常常从天道推及人道,再从人道推及治道。老子的哲学体系可以主要从三个方面的内容来描述:天道观(宇宙论)、人道观(人生论)、治道观(政治论)。

在老子思考的所有问题里,有一个核心,就是"道"。"道"是老子哲学展开的理论基石,它是老子通过对经验的总结,在超验的世界里形成的。那么,老子所谓的"道",到底是什么,又有什么作用呢?

我们先来看老子是怎么描述他哲学的这个基石的。《道德经》有很多章节对神秘莫测的"道"进行了充满诗意的描述。比如:

第十四章说:

视之不见,名曰"夷";听之不闻,名曰"希";搏之不得,名曰"微"。此三者不可致诘,故混而为一。一者,其上不皦,其下不昧。绳绳不可名,复归于无物。是谓无状之状,无物之象,是谓惚恍。迎之不见其首,随之不见其后。执古之道,以御今之有。能知古始,是谓道纪。

第二十一章说:

孔德之容,惟道是从。道之为物,惟恍惟惚。惚兮恍兮,其中有象;恍兮惚兮,其中有物。窈兮冥兮,其中有精;其精甚真,其中有信。自古及今,其名不去,以阅众甫。

第二十五章说:

有物混成,先天地生。寂兮寥兮,独立而不改,周行而不殆,可以为天地母。吾不知其名,字之曰"道",强为之名曰大。大曰逝,逝曰远,远曰反。故道大,天大,地大,人亦大。域中有四大,而人居其一焉。人法地,地法天,天法道,道法自然。

这样看来,"道"是很难用文字来具体描绘的,只能得其仿佛。它不存在于人的经验世界里,只能靠人的悟性,结合自己的生活经验来想象。所谓的"恍兮惚兮""惚兮恍兮""寂兮寥兮""窈兮冥兮",都是混沌不真切的意思。这好像有些故弄玄虚,但在《道德经》一书的开篇,老子就说:

道可道，非常道；名可名，非常名。无名，万物之始；有名，万物之母。故常无欲，以观其妙；常有欲，以观其徼。此两者同出而异名，同谓之玄，玄之又玄，众妙之门。

这就好像他预知人们对他的"道"有误解，所以开篇明义，首先阐明"道"的玄妙。"道"无名，又无形。在老子看来，"道"是无限的，一旦有了某种名称，就为这名称所限定，所以它不能用具体的名称来称谓。"道"是永恒的，一旦它为具体的形体束缚，就会有生有灭，所以它没有具体的形体。

"道"虽然不能用文字、概念来界定，不能用固定的形体来束缚，但它绝非空洞无物。在恍惚寂寥中，"其中有象""其中有物""其中有精""其中有信"。世界上的事物是纷纭繁复、头绪众多的，但"道"却归纳为单纯的"一"，它不随外物的变化而变化，永久长存，亘古不变，独立不迁。

在老子看来，"道"之用真是广大无边。它是万物之母，生成宇宙又化育万物。如：

第四十二章说：

道生一，一生二，二生三，三生万物。

第五十一章说：

道生之，德畜之，物形之，势成之。是以万物莫不尊道而贵德。道之尊，德之贵，夫莫之命而常自然。故道生之，德畜之，长之育之，亭之毒之，养之覆之。生而不有，为而不恃，长而不宰。是谓玄德。

"道"乃是万物之宗，天地之母。它不但创生万物，而且养育万物。

形而上的"道"在生活实际中得到遵循应用，就表现为具体的"德"。它是人们生活中应该恪守的准则。"道"是形而上的，"德"是形而下的；"道"为"德"之体，"德"为"道"之用。

第三十九章说：

昔之得一者：天得一以清，地得一以宁，神得一以灵，谷得一以盈,万物得一以生,侯王得一以为天下正。其致之,天无以清,将恐裂;地无以宁,将恐发;神无以灵,将恐歇;谷无以盈,将恐竭;万物无以生,将恐灭;侯王无以正而贵高,将恐蹶。

第五十五章说：

含德之厚,比于赤子。蜂虿虺蛇不螫,猛兽不据,攫鸟不搏。骨弱筋柔而握固,未知牝牡之合而脧作,精之至也。终日号而不嗄,和之至也。知和曰常,知常曰明,益生曰祥,心使气曰强。物壮则老,谓之不道,不道早已。

只要在生活中遵循着"道"和"德",普通人即可以明哲保身、长生久视,进一步修养成为圣人;统治者可以长久地保有天下,收到长治久安之效。

既然"道"有这么重要,那它的运动有没有规律可遵循呢?老子用最简明的一句话做了概括:"反者道之动。"世间万物变化所遵循的规律中最根本的是"物极必反"。比如:

第四十章说：

反者道之动,弱者道之用。天下万物生于有,有生于无。

在老子看来,任何事物的某些性质如果向极端发展,这些性质一定转变成它们的反面。所以《道德经》一书里有许多表面上看起来很矛盾的地方,比如:

第五十八章说：

祸兮,福之所倚;福兮,祸之所伏。孰知其极?其无正。正复为奇,善复为妖。

第四十二章说：

故物或损之而益,或益之而损。

所有这些矛盾的说法,只要理解了自然的基本规律,就再也不是矛盾的了。但是在那些不懂这条规律的人看来,它们确实是矛盾的,非常可笑的。所以老子说:"下士闻道,大笑之。"老子这里所讲的哲理已经超出了一般人的常识,所以才会有人大笑。我们今天熟悉了辩证法的原理,矛盾对立转化的道理已经成为常识了。但温习几千年前中国哲人的经典性的超越时代的论述,既感到亲切,又充满敬意。

上面说的是老子的天道观,也就是老子的宇宙观。其实老子并非只会天天仰望星辰,他时时关注社会人生。他把天道观运用到人生的实际,就相应产生了人道观,也就是人生观。他根据自己对"道体"运动规律的把握,总结了处世的方法。总的原则是要"知常""袭明",具体来说,则是要恪守柔弱、虚静、寡欲等。

"知常""袭明"就是要了解事物发展变化的客观规律。

第十六章说:

致虚极,守静笃。万物并作,吾以观其复。夫物芸芸,各复归其根。归根曰静,是谓复命。复命曰常,知常曰明。不知常,妄作,凶。知常容,容乃公,公乃全,全乃天,天乃道,道乃久,殁身不殆。

老子警告我们:应该了解自然规律,并且根据它们来指导个人行动。老子把这叫作"袭明"。人"袭明"的通则是:想要得些东西,就要从其反面开始;想要保持什么东西,就要在其中容纳一些与它相反的东西。谁若想变强,就必须从感到他弱开始。

老子认为万物的根源是处于虚静状态的,面对世事的纷扰,提倡人要回复到虚静的状态,致虚守静。比如:

第四章说:

道冲,而用之或不盈。渊兮,似万物之宗。挫其锐,解其纷,和其光,同其尘。湛兮,似或存。吾不知其谁之子,象帝之先。

第四十五章也说:

大成若缺,其用不弊。大盈若冲,其用不穷。大直若屈,大巧若拙,大辩若讷。躁胜寒,静胜热,清静以为天下正。

在老子看来,只有善于保持内心的虚静,才能以宁静的心态去关照纷纭无序的万事万物,将其简化、澄清。唯其虚,故能容纳万物;唯其静,故能"观其复"。虚静的作用,"其用无穷"。

在《道德经》一书中,我们常常看到老子对水的赞美。这体现了老子"贵柔"的人生哲学,所谓"反者道之动,弱者道之用"。

第七十六章说:

人之生也柔弱,其死也坚强。草木之生也柔脆,其死也枯槁。故坚强者死之徒,柔弱者生之徒。是以兵强则灭,木强则折,故坚强处下,柔弱处上。

第七十八章说:

天下柔弱莫过于水,而攻坚强者莫之能胜,以其无以易之。弱之胜强,柔之胜刚,天下莫不知,莫能行。

水为天下之至柔,却能驰骋于天下之至坚。老子根据自己在生活中观察到的经验,总结出柔弱胜刚强的道理。他看到生物欣欣向荣的时候柔弱,而向死时则坚强枯槁。舌是人身上最柔软的器官之一,牙齿是最坚硬的器官之一,但哪一个先损坏呢? 这些生活中显而易见的现象,都成为支持老子"贵柔"哲学的证据。"贵柔"的反面就是逞强,这是老子更为反对的,因为刚愎自用、自伐其功是引来祸患的根源。

老子赞扬水德,不仅仅是出于"贵柔",还因为水能处于下位,能包容万物。他认为有修养的圣人应该像江海,具有包容一切的胸襟。人能够甘居下位,就能保持谦虚谨慎的作风。用这样的方法,一个谨慎的人就能够在世上安居,并能够达到他的人生目的。道家的中心问题本来是全生避害,躲开人世的危险。谨慎地活着的人,必须柔弱、谦虚、知足。柔弱是保存力量从而成为刚强的方法。谦虚与骄傲正好相反,所以,如果说骄傲是前进到了极限的标志,谦虚则相反,是极限远远没有达到的标志。知足使人不会过分,因而也不会走向极端。

老子由他的天道观(宇宙观)也推演出了他的治道观(政治哲学)。其中最为人们关注的是他"无为而治"的思想。按照儒家的说法,圣人一旦为王,他应当为人民做许多事情;而按照道家的说法,圣王的职责是不做事,应当无为。道家的理由是,天下大乱,不是因为有许多事情还没有做,而是因为已经做了太多事了。比如:

第五十七章说:

天下多忌讳,而民弥贫;人多利器,国家滋昏;人多伎巧,奇物滋起;法令滋彰,盗贼多有。

既然"有为"的危害这么多,那么圣王的第一个行动就是废除这一切。

第十九章说:

绝"圣"弃智,民利百倍;绝仁弃义,民复孝慈;绝巧弃利,盗贼无有。

第三章说:

不尚贤,使民不争;不贵难得之货,使民不为盗;不见可欲,使民心不乱。是以圣人之治,虚其心,实其腹,弱其志,强其骨,常使民无知、无欲。

第五十七章说:

我无为,而民自化;我好静,而民自正;我无事,而民自富;我无欲,而民自朴。

老子看到统治者的横征暴敛、妄作非为搞得民不聊生、民怨沸腾,他们的严刑峻法、烦琐苛政足以引起百姓的反感、不满和对抗,所以老子干脆以"无为"来消解"有为"。西汉初期统治者采取老子无为而治的思想进行休养生息,竟然获得了社会生产力的迅速恢复和极大发展,这是对老子治国之道最好的肯定,也是对历代统治者严刑峻法、多事扰民的绝佳讽刺。

正因为《道德经》一书蕴含着如此丰富的思想资源,它很快就成为中国思想宝库中的重要典籍。统治者从中学习治术,阴谋家从中学习权诈,军事家从中学习谋略,哲学家从中体悟真理……在浩如烟海的中国典籍中,大概只有《论语》一书能与之媲美。也正因为如此,《道德经》一书版本繁多,各本的文字出入也很大。我们今天所读到的《道德经》,最通行的是王弼的整理注释本。1973 年,长沙马王堆汉墓出土了两种《道德经》的帛书抄本。1993 年,湖北荆门郭店楚墓又出土了三种《道德经》的摘抄本。这都为《道德经》的研究带来了前所未有的契机。我们这个读本,就是以王弼本为底本,同时根据马王堆帛书《道德经》和郭店楚简《道德经》进行校订,三者参合,写定文本。对《道德经》和老子的研究已经形成了一门专门的学问,号称"老学"。当代学者在"老学"研究里取得了很大的成绩,我们尽量加以参考采择。因为这是普及性的读物,所以就没有一一标明,谨向他们表示诚挚的敬意和感谢。

目录

上篇　道经

下篇　德经

上篇

道经

一章

道可道,非常道①;名可名,非常名②。

无名,万物之始③;有名,万物之母④。

故常无欲,以观其妙;常有欲,以观其徼⑤。

此两者同出而异名,同谓之玄⑥,玄之又玄,众妙之门。

【注释】

①道可道,非常道:第一个"道"是人们习称的道,也就是道理,是名词。第二个"道",是动词,用言辞说出来。"常道"是指永恒之道,也就是构成宇宙的实体和推动万物变化的动力。

②名可名,非常名:第一个"名"是指事物的具体名称,第二个"名"是动词,用言辞说明。"常名"是指称"常道"的永恒之名。

③无名,万物之始:无名,没有名称,即无形的意思。

④有名,万物之母:母,母体,引申为根源。

⑤常有欲,以观其徼(jiào):徼,王弼注:"徼,归终也",引申为功用或效应。

⑥此两者同出而异名,同谓之玄:玄,幽昧深远。

【今译】

道为何物?说得出来的,不是真常的本体;道为何名?叫得出来的,不是真常的本名。

　　无形无名,是万物的本始;有形有名,是万物的根源。

　　所以经常保持清静无欲,可以体察道的奥妙;经常保持有欲追求,可以知晓道的功用。

　　"无"和"有"这两者,是同一来源而不同名称,都可说是一种玄奥的东西。一种玄奥而又玄奥的东西,那就是开启大千世界无穷奥妙的总门。

【章旨】

　　这一章描写老子哲学里最重要的范畴"道"。他所说的道,乃是变动不居、周流不止的。只有随时变易,乃是"常道"。"道"是构成世界的实体,是万物运动变化的动力,是人类行为的准则。它幽昧深远,不可言说。他认为:真理是无法用具体的言辞来表达的,它超乎言辞。人们费尽心思来描写"道",其实挂一漏万,损失的远远比说出的多。这就好像《庄子》里讲的一个故事:有个国王喜欢鼓琴,但后来他却不鼓琴,只是静静地坐在琴前倾听。因为他已经领悟到,即使再高超的琴艺,当他弹奏出一个音的时候,其余的六音却同时丧失了。哪比得上用心去领会自然的天籁呢!

二章

天下皆知美之为美,斯恶已①;皆知善之为善,斯不善已②。

故有无相生,难易相成,长短相形,高下相盈,音声相和,前后相随③。

是以圣人处无为之事,行不言之教④,万物作焉而弗始,生而不有,为而不恃,功成而弗居⑤。夫惟弗居,是以不去。

【注释】

①天下皆知美之为美,斯恶已:第一个"美"是名词,美好的东西;第二个"美"是形容词,美好。恶,丑。斯,这。已,通"矣"。

②皆知善之为善,斯不善已:第一个"善"是名词,美好的东西;第二个"善"是形容词,美好。

③故有无相生,难易相成,长短相形,高下相盈,音声相和,前后相随:盈,多,余,意思是说高和低只有相比较才能显出差异。

④是以圣人处无为之事,行不言之教:是以,因此。圣人,老子所说的圣人是指明了大道运行规律、与"道"合同为一的人。无为,是老子哲学里的一个重要范畴。

⑤万物作焉而弗始,生而不有,为而不恃,功成而弗居:弗,不。

【今译】

天下都知道美之所以为美,丑的观念也就产生了;都知道善之所以为善,恶的观念也就产生了。

有和无相生成,难和易互相促就,长和短互为显示,高和下互为呈现,音和声彼此应和,前和后连接相随。

所以有道的人以"无为"的态度来处理世事,实行"不言"的教导,听凭万物兴起而不造作事端,生养万物而不据为己有,作育万物而不自恃己能,功业成就而不自我夸耀。正因他不自我夸耀,所以他的功绩不会泯没。

【章旨】

这一章主要讲事物之间的相对性。老子认为自然界的一切事物都是相对的、变动不居的,而只有"道"是永恒的。老子认为,有无、难易、长短、高下、音声、前后之类,都是相对而存在,并且相互依赖,彼此转化。这种思想里包含着朴素的辩证法思想。

所谓"天下皆知美之为美,斯恶已"乃是就观念而言。他的原意不是说美的东西变成丑,而是说有了美的观念,丑的观念就同时产生了。这是相反相因、对立相成的。

道家所说的圣人,与儒家所说的圣人不同。儒家所说的圣人,遵从道德礼乐的典范,以修身、齐家、治国、平天下为理想。而道家所说的圣人,能高度体认自然、行为上依照自然发展的规律,高度拓展自己的内心世界,能够摆脱一切影响身心自由的束缚,他们能够尽人之能事,来仿效天地的行所无事。

三章

不尚贤,使民不争①;不贵难得之货,使民不为盗;不见可欲,使民心不乱②。

是以圣人之治,虚其心,实其腹,弱其志,强其骨③,常使民无知、无欲,使夫智者不敢为也④。为无为,则无不治⑤。

【注释】

①不尚贤,使民不争:尚,以……为尚,崇尚。贤,贤能。

②不见可欲,使民心不乱:见,通"现",显露。可欲,想要的东西。

③是以圣人之治,虚其心,实其腹,弱其志,强其骨:虚,心境的开阔。弱,意指心志的柔韧。

④常使民无知、无欲,使夫智者不敢为也:无知、无欲,没有伪诈的心智,没有争盗的欲念。不敢为,不敢随意多事。

⑤为无为,则无不治:为无为,第一个为是动词,以"无为"的方式去做;即以顺任自然的态度去处理事务。治,安定,太平。

【今译】

不崇尚贤能,使民众不为功名而竞争;不看重珍贵难得的财货,使民众不起窃盗之心;不显耀可以引起欲望的事物,使民众不被惑乱。

所以圣人治理政事,重在使人心灵净化,填饱他们的肚子,磨炼他们

7

的意志,强化他们的体质,使民众没有伪诈的心智,没有争夺的欲念,使一些自作聪明的人不敢胡作非为。依照"无为"的原则去治理国家,国家就没有治理不好的。

【章旨】

老子在这一章描述了导致社会混乱与冲突的主要原因:名利、财物,都足以引起人们的追逐,于是有了机伪巧诈。老子因此开出了治理社会混乱的药方:一方面要给予人民安定温饱的物质生活,另一方面要净化人民的内心世界。人们常常误解老子的"无知""无欲",以为"无知"就是实行愚民政策,"无欲"就是要强行消解人民的自然本能。其实,老子所谓"无知",乃是要消解机伪巧诈的小聪明,"无欲"乃是要消解贪欲的无限膨胀。

四章

道冲,而用之或不盈①。渊兮,似万物之宗②。挫其锐,解其纷,和其光,同其尘③。湛兮,似或存④。吾不知其谁之子,象帝之先⑤。

【注释】

①道冲,而用之或不盈:冲,虚。盈,穷竭。

②渊兮,似万物之宗:渊,深邃复杂,难以认识。宗,宗主,主宰者。

③挫其锐,解其纷,和其光,同其尘:挫,摧折。纷,纷扰。

④湛兮,似或存:湛,沉、深,形容"道"的隐而未形。

⑤吾不知其谁之子,象帝之先:象,似乎。

【今译】

道是虚空的,然而用之不竭。深远啊!它好像是万物的宗主。不露锋芒,消解纷扰,含敛光辉,混同尘世。隐幽啊!似亡而又实存。我不知道它是从哪里产生的,它好像产生于天帝之前。

【章旨】

这一章老子充满深情地描述了他心中的"道":道是虚空的,唯其虚空,所以能包含万物,蕴藏着创造一切的因子,是万物产生的根源,它的作用是没有穷尽的。老子特别推崇虚空的作用,在后来的论述里,他还对虚空的这种妙用做了具体形象的阐释。

五章

天地不仁,以万物为刍狗①;圣人不仁,以百姓为刍狗。

天地之间,其犹橐籥乎②?虚而不屈,动而愈出③。

多言数穷,不如守中④。

【注释】

①天地不仁,以万物为刍狗:天地不仁,天地无所偏爱。意指天地只是个物理的、自然的存在,并不具有人类般的感情;万物在天地间仅依循着自然的法则运行着,并不像有神论所想象的,以为天地自然法则对某物有所爱顾或对某物有所嫌弃。刍狗,用草扎成的狗,作为祭祀时使用。

②天地之间,其犹橐籥(tuó yuè)乎:橐籥,风箱。

③虚而不屈,动而愈出:不屈,不竭。

④多言数穷,不如守中:言,意指声教法令。多言,意指政令烦多。数,通"速"。守中,持守虚静无为。

【今译】

天地无所偏爱,任凭万物自然生长;圣人无所偏爱,任凭百姓自己生息。

天地之间,岂不像个风箱吗?空虚但不会穷竭,一旦发动,生生不息。

政令烦苛反而加速败亡,不如持守虚静。

【章旨】

道家思想中有许多容易为人误解的地方,比如这里说的"天地不仁,以万物为刍狗"。很多人认为"不仁"是对儒家思想中强调"仁"的思想的反叛。其实,它是指天地无所私党,不偏不倚,公正无私。刍狗万物,乃是说天地无私,而非天地忍心不悯。圣人不仁,是说圣人无所偏私,取法于天地,纯任自然。

本书扉页扫码｜与大师共读国学经典

六章

谷神不死,是谓玄牝①。玄牝之门,是谓天地根。绵绵若存,用之不勤②。

【注释】

①谷神不死,是谓玄牝:谷,形容虚空。神,形容不测的变化。不死,比喻变化不枯竭。玄,奥妙不可测的意思。牝,母性。玄牝在这里比喻天地万物出生的地方。

②绵绵若存,用之不勤:绵绵,深远无形的意思。勤,枯竭,疲倦。

【今译】

虚空的变化是永不停歇的,这就是微妙的母性。微妙的母性之门,是天地的根源。它的功能连绵不绝啊,其作用无穷无尽。

【章旨】

"谷神"并不是什么神秘不可捉摸的东西,它是在无限的空间里支配万物发展变化的力量。它视而不见其形,听而不闻其声,它虚空幽深,生生不息,连绵无穷。它"不死",体现出道的永恒性;它绵绵若存,体现出道的创造性。

七章

　　天长地久。天地所以能长且久者,以其不自生,故
能长生^①。

　　是以圣人后其身而身先^②,外其身而身存^③。以其
无私,故能成其私^④。

【注释】

　　①天地所以能长久者,以其不自生,故能长生:以其不自生,指天地
的运作不为自己。长生,长久。

　　②是以圣人后其身而身先:后其身而身先,把自己放在后面,反而能
得到大家的爱戴。

　　③外其身而身存:外其身,把自己置之度外。

　　④故能成其私:成其私,成就他自己。

【今译】

　　天地长久。天地所以能够长久,乃是因为它们的一切运作都不为自
己,所以能够长久。

　　所以有道的人凡事都退在后面,这样做反而能赢得爱戴;把自己置
之度外,这样做反而能保全生命。由于他心中没有小我,反而能成就他
自己。

【章旨】

　　《道德经》一书中处处贯穿着"天道"和"人道"的关系。在老子看

来,"人道"要处处、时时模仿依照"天道",才能达到"圣人"的要求。天道崇虚,以谦退冲和为本,那么人如何才能在充满机巧伪诈的社会中保全自己并成就自己呢? 在老子看来,只有不把自己的欲望加于他人,自然就能赢得大家的爱戴;只有不优先考虑自己的利益,自然就能赢得大家的拥护。时时处处为他人着想,反而能成就自己的理想。这就是谦退冲和在实际人生里的妙用。

八章

上善若水①。水善利万物而不争,处众人之所恶,故几于道②。

居善地,心善渊③,与善仁,言善信④,正善治⑤,事善能,动善时⑥。

夫惟不争,故无尤⑦。

【注释】

①上善若水:上善,指上善之人,道德高尚的人。

②处众人之所恶,故几于道:几,近。

③居善地,心善渊:善,善于。渊,形容沉静。

④与善仁,言善信:与,指和别人相交接。

⑤正善治:正,通"政",为政顺道,社会才能妥善地得到治理。

⑥动善时:善于把握行动的时机。

⑦夫惟不争,故无尤:尤,过失。

【今译】

具备"上善"的人的禀性好像水一样。水善于滋润万物而不与万物相争,停留在大家所厌恶的地方,所以它的性质最接近于"道"。

居处善于选择地方,心胸善于保持沉静,待人善于真诚相爱,说话善于遵守信用,为政善于顺应天道,处事善于发挥所长,行动善于掌握时机。

只因为有不争的美德，所以没有过失。

【章旨】

这是一首对水的颂歌，歌咏的对象是具备像水那样品格的圣人。水的很多禀性体现了道的特性，而圣人就是道的体现者。圣人的言行近乎水，而水德又近乎道。在中国古代许多哲学家的著作中，水都是重要的体道之物。孔子说："仁者乐山，智者乐水。"因为水总是处在一种变动不居的状态里。苏轼也说："万物皆有定形，惟有水随物赋形。"在老子看来，水善于滋润万物而不与万物相争，又不避污秽，谦退守中，所以最接近于道。圣人就应该像水一样，与时迁徙，应物变化。

九章

持而盈之,不如其已^①;
揣而锐之,不可长保^②。
金玉满堂,莫之能守^③;
富贵而骄,自遗其咎^④。
功成身退,天之道也^⑤。

【注释】

①持而盈之,不如其已:持而盈之,执持盈满,含有自满自骄的意思。盈,充盈。已,止。

②揣而锐之,不可长保:揣而锐之,捶击使它尖锐,含有显露锋芒的意思。揣,捶击。锐,用做动词,使之锐。

③金玉满堂,莫之能守:莫,没有人。之,代指金玉。

④富贵而骄,自遗其咎:咎,灾难。

⑤功成身退,天之道也:功成,功业成就。身退,指敛藏锋芒。天之道,指大自然的规律。

【今译】

保持充盈,不如适可而止;
显露锋芒,锐势难保长久。
金玉满堂,无法守藏;

富贵而骄,自取祸患。

功成名就,含藏收敛,才是合乎自然运行的道理。

【章旨】

老子哲学主张谦退冲和,自然反对"盈"。"盈"就是满溢过度,超出了"守冲"的原则。对于人的自我修养来说,一个人在功成名就后,应该全身而退,否则便不免倾覆。人在功成名就时,往往得寸进尺,而不善于蕴藏自己的锋芒。所以老子告诫说:"揣而锐之,不可长保。"总之,一切要适可而止,不要走向自己的对立面。

十章

载营魄抱一,能无离乎[①]?
专气致柔,能如婴儿乎[②]?
涤除玄鉴,能无疵乎[③]?
爱民治国,能无为乎?
天门开阖,能为雌乎[④]?
明白四达,能无知乎[⑤]?
生之畜之。生而不有,为而不恃,长而不宰,是谓玄德[⑥]。

【注释】

①载营魄抱一,能无离乎:营魄,魂魄。抱一,合一。

②专气致柔,能如婴儿乎:专气,集气。专,通"抟"。能如婴儿乎,谓能如婴儿之精充气和吗?

③涤除玄鉴,能无疵乎:玄鉴,比喻心灵深处明澈如镜。玄,形容人心的深邃灵妙。

④天门开阖(hé),能为雌乎:天门,比喻感官。开阖,开关,即动静。为雌,即守静的意思。雌,用作动词,此处指雌性动物的宁静天性。

⑤明白四达,能无知乎:四达,处处通达明白。

⑥生之畜之。生而不有,为而不恃,长而不宰,是谓玄德:畜,养育。恃,依恃。

【今译】

　　精神和形体合一,能不分离吗?

　　抟聚精气以致柔顺,能像婴儿的状态吗?

　　洗清杂念而深入观照,能没有瑕疵吗?

　　爱民治国,能自然无为吗?

　　感官和外界接触,能守静吗?

　　事事通达,能不用心机吗?

　　生长万物,又养育万物。生长而不占有,蓄养而不依恃,导引而不主宰,这就是最玄妙的德。

【章旨】

　　这一章老子讲修身的功夫。营魄抱一而无离,是说健全的生活必须是形体和精神的合一,精神和肉体应该和谐而不偏离。专气致柔而如婴儿,是说人应该善于保养、抟聚自己的精气神,心境要凝静柔和,像婴儿一样。涤除玄鉴而无疵,是说人要清除杂念,摒除妄见,反观到自己内心世界的光明。老子这里所说的"为雌",也就是前面说的"为牝",提倡的是人要虚静、谦退。

20

十一章

三十辐共一毂,当其无,有车之用^①。

埏埴以为器,当其无,有器之用^②。

凿户牖以为室,当其无,有室之用^③。

故有之以为利,无之以为用。

【注释】

①三十辐共一毂(gǔ),当其无,有车之用:辐,车轮中连接轴心和轮圈的木条。古时候的车轮由三十根辐条所构成,这个数目是取法于每月三十日之数。毂,车轮的中心部分,有圆孔,即插轴的地方。无,这里指毂的中空之处。

②埏埴(shān zhí)以为器,当其无,有器之用:埏埴,即和陶土做成饮食的器皿。埏,和;埴,黏土。

③凿户牖(yǒu)以为室,当其无,有室之用:户牖,门窗。

【今译】

三十根辐条安装到一个毂当中,只有有了车毂中空的地方,才会发挥车的作用。

揉合陶土做成器具,有了器皿中空的地方,才会发挥器皿的作用。

开凿门窗建造房屋,有了门窗中空的地方,才会发挥房屋的作用。

所以"有"给人便利,而"无"才能发挥物体的作用。

　　老子在这一章举例说明:"有"和"无"是互相依存、交相为用的。一般人只重视有形的、实在的东西,而忽略虚空的东西。但无形的、虚空的东西同样具备很大的作用。所谓"有之以为利,无之以为用","有"所带给人们的便利,只有当它和"无"相配合时,才能显示出来。这里同样说明了事物之间是相形而存在的,"有""无"相生。

十二章

五色令人目盲①,五音令人耳聋②,五味令人口爽③,驰骋、畋猎令人心发狂④,难得之货令人行妨⑤。

是以圣人为腹不为目,故去彼取此⑥。

【注释】

①五色令人目盲:五色,指青、黄、赤、白、黑。这里指过多的色彩。目盲,比喻眼花缭乱。

②五音令人耳聋:五音,指宫、商、角、徵、羽。这里指过多的声音。耳聋,比喻听觉不灵。

③五味令人口爽:五味,指酸、甜、苦、辣、咸。这里指过多的滋味。口爽,口病。爽,差错,这里指味觉不准。

④驰骋、畋猎令人心发狂:驰骋,纵横奔走,喻纵情。畋猎,猎取禽兽。心发狂,心放荡而不可制止。

⑤难得之货令人行妨:行妨,伤害操行。妨,妨害,伤害。

⑥是以圣人为腹不为目,故去彼取此:为腹,为求填饱肚皮,比喻为求自然生理之欲。不为目,不求满足感官之欲,也就是不求满足非自然生理之欲。去彼取此,摒弃物欲的诱惑,而持守安足的生活。彼,指"为目"的生活;此,指"为腹"的生活。

【今译】

缤纷的色彩使人眼花缭乱,纷杂的音调使人听觉不敏,饱食终日使人舌不知味,纵情狩猎使人心放荡,稀有货品使人行为不轨。

因此圣人但求安饱而不逐声色之娱,摒弃物欲的诱惑而保持安足的生活。

【章旨】

这一章中,老子痛心疾首地描述了人们一味偏重对物质生活的追求,从而导致了精神生活的沦丧。在老子看来,人的正常生活应该是精神生活和物质生活合一并重的,即所谓"营魄抱一"。但在现实生活中,人们往往偏重物质生活的享乐,一味追求感官的刺激,对自己的内心世界漠不关心,从而导致了道德的沦丧。

老子这里所说的"为腹",是要建立宁静恬淡的内心生活,这就要求人们要抑制自己对物欲的无尽追求,仅于果腹而已。"为目"是片面追求感官世界的刺激的生活方式。老子所极力反对的对物质文明的单一崇拜,在今天读来,特别具有振聋发聩的作用。

十三章

宠辱若惊,贵大患若身①。

何谓宠辱若惊? 宠为下,得之若惊,失之若惊,是谓宠辱若惊②。

何谓贵大患若身? 吾所以有大患者,为吾有身,及吾无身,吾有何患③?

故贵以身为天下,若可寄天下④;爱以身为天下,若可托天下。

【注释】

①宠辱若惊,贵大患若身:宠辱,都用作动词,指受到宠辱。贵,看重。贵大患若身,即"贵身若大患",这里是为了押韵而调整了语序,是修辞里所谓的"倒文"。大患,巨大的灾难。

②宠为下,得之若惊,失之若惊,是谓宠辱若惊:宠为下,得宠是不光荣的。"下"即卑下的意思。

③吾所以有大患者,为吾有身,及吾无身,吾有何患:及,如果。

④故贵以身为天下,若可寄天下:贵,看重。若可,才可。若,乃,才。

【今译】

得宠和受辱都感到惊慌失措,重视身体好像重视大患一样。

什么叫作得宠和受辱都感到惊慌失措? 得宠是下等的,得到恩惠感到心惊不安，失去恩惠也觉惊恐不安，这就叫作得宠和受辱都感到惊慌失措。

什么叫作重视大患像重视身体一样？我所以有大患，乃是因为我有身体，如果没有身体，我会有什么大患呢？

所以能够以贵身的态度去治理天下，才可以把天下寄托给他；以爱身的态度去治理天下，才可以把天下委托给他。

【章旨】

这一章中，老子强调了"贵身"的思想。生命是最宝贵的东西，而宠辱是将人们的价值判断简单地加于人身。对于宝贵的生命来说，荣宠或耻辱是无关紧要的。人不能因为荣宠或耻辱而戕害生命。在老子看来，荣宠或耻辱对于人的戕害是没有什么两样的：一个人受到了恩宠，必得战战兢兢，曲意逢迎，这样，就丧失了自我，对精神世界同样是一种损害。圣人要宠辱不惊，不以宠辱害身。这样的人，才可以把天下百姓交付给他。

十四章

视之不见，名曰"夷"；听之不闻，名曰"希"；搏之不得，名曰"微"①。此三者不可致诘，故混而为一②。一者，其上不皦，其下不昧③。绳绳不可名，复归于无物④。是谓无状之状，无物之象，是谓惚恍⑤。迎之不见其首，随之不见其后。

执古之道，以御今之有⑥。能知古始，是谓道纪⑦。

【注释】

①视之不见，名曰"夷"；听之不闻，名曰"希"；搏之不得，名曰"微"：之，本句中三个"之"字都代指道。夷、希、微，这三个词都用来形容感官所不能把握的"道"。搏，触摸。

②此三者不可致诘，故混而为一：致诘，究诘，追究。

③其上不皦（jiǎo），其下不昧：皦，同"皎"，光明。昧，阴暗。

④绳绳不可名，复归于无物：绳绳，形容纷纭不绝。复归，还原。无物，这里指不具任何形象的实存体。

⑤是谓无状之状，无物之象，是谓惚恍：惚恍，若有若无，闪烁不定。

⑥执古之道，以御今之有：有，指具体的事物。

⑦能知古始，是谓道纪：古始，宇宙的原始或"道"的端始。道纪，"道"的纲纪，即"道"的规律。

【今译】

　　看它看不见，名叫"夷"；听它听不到，名叫"希"；摸它摸不着，名叫"微"。这三者的形象无从深究，它是混为一体的。它上面不显得光亮，下面也不显得阴暗，纷纭不绝又不可名状，一切的运动都会回到不见物体的状态。这是没有形状的形状，不见物体的形象，我把它叫作"惚恍"。迎着它，看不见它的前头；随着它，看不见它的后面。

　　把握着早已存在的道，来驾驭现在的具体事物。能够了解宇宙的原始，这就把握了道的规律。

【章旨】

　　这一章是对"道"的描述。在老子的哲学里，"道"是超验的存在。所谓"形而上者谓之道，形而下者谓之器"，"道"是形而上的东西，很难用具体的实相描绘出来。老子就用现实世界里许多形而下的具体形象加以描绘，然后又一一加以否定，这样，就愈加显示出"道"的玄妙幽深。

十五章

古之善为道者，微妙玄通，深不可识①。夫惟不可识，故强为之容②：

豫兮若冬涉川③；

犹兮若畏四邻④；

俨兮其若客⑤；

涣兮其若冰之将释⑥；

敦兮其若朴⑦；

旷兮其若谷；

混兮其若浊；

孰能浊以止？静之徐清。孰能安以久？动之徐生。

保此道者不欲盈。夫惟不盈，故能蔽而新成⑧。

【注释】

①古之善为道者，微妙玄通，深不可识：玄通，指思想深邃而通达。识，认识，理解。

②夫惟不可识，故强为之容：夫，发语词。惟，仅仅，正因为。容，形容，描述。

③豫兮若冬涉川：豫兮，迟疑慎重之意。若冬涉川，形容小心翼翼，如履薄冰。

④犹兮若畏四邻：犹兮，形容警觉、戒惕的样子。若畏四邻，好像连

29

周围熟悉的人都害怕,形容不敢妄动。

　　⑤俨兮其若客:俨兮,形容恭敬而严肃。

　　⑥涣兮其若冰之将释:涣兮,涣散的样子。冰释,消融。

　　⑦敦兮其若朴:敦兮,敦厚朴实的样子。朴,未经加工的原木。

　　⑧保此道者不欲盈。夫惟不盈,故能蔽而新成:保,占有,掌握。蔽而新成,去故更新的意思。

【今译】

　　古时善于体道之士,精妙通达,深不可测。正因为难以认识,所以我们勉强来形容他:

　　他小心审慎啊,像冬天涉江过河;

　　他警觉戒惕啊,像提防四周的围攻;

　　他拘谨严肃啊,像是出门做客;

　　他蔼然可亲啊,像冰消融;

　　他淳厚质朴啊,像未经雕琢的素材;

　　他胸襟空旷啊,像深山的幽谷;

　　他浑厚含蓄啊,像浊流盈江河;

　　谁能使浊流止歇?宁静下来才会徐徐澄清。谁能使它稳定久长?常动不息才能徐徐得生。

　　保持这些道理的人,不肯自满。只因他不自满,所以能去旧成新。

【章旨】

　　上一章,老子描绘了"道"体。在这里,他又形象地描绘了得"道"之士的精神状态。道恍兮惚兮,不可捉摸,得"道"之士也是幽微精密,沉静而不可测。他们能够在浑浊动荡中,以静制动,以清澄浊,恬静安宁,谦退自守,从而使自己的精神境界返回到澄静安定的状态。在长久的安定状态中,得"道"之士又能以动自强,生发生命的活力。他们能由动而生静,又能由静而生动。就在这动、静的互生过程里,去旧生新就完成了。

十六章

致虚极,守静笃①。

万物并作,吾以观其复②。

夫物芸芸,各复归其根③。归根曰静,是谓复命④。

复命曰常,知常曰明⑤。不知常,妄作,凶。

知常容,容乃公,公乃全,全乃天,天乃道,道乃久,没身不殆⑥。

【注释】

①致虚极,守静笃:心境原本是空明宁静的状态,只因私欲的活动与外界的扰动,而使得心灵闭塞不安,所以必须时时做"致虚""守静"的功夫,以恢复心灵的清明。致,推致。虚,形容心灵空明的境况,比喻不带成见。极、笃,两字意思相同,都指极度、顶点。

②万物并作,吾以观其复:作,生长。复,返,往复循环。

③夫物芸芸,各复归其根:芸芸,常用来形容草木的繁盛。

④归根曰静,是谓复命:归根,回归本原。复命,复归本性。

⑤复命曰常,知常曰明:常,指万物运动变化中的永恒规律。明,万物的运动和变化都依循着循环往复的律则,对于这种律则的认识和了解,叫作"明"。

⑥知常容,容乃公,公乃全,全乃天,天乃道,道乃久,没身不殆:容,宽容,包容。全,周全。天,指自然的天。没身,终身。殆,危险。

【今译】

把致虚、守静的功夫,做到极致。

万物蓬勃生长,从中观察天道往复循环的道理。

万物纷纷芸芸,各自返回到它们的本根。返回本根叫作静,静就是复归本性。复归本性是永恒的规律,认识永恒的规律叫作"明"。不认识永恒的规律而轻举妄动,就会出乱子。

认识常道的人是能包容一切的,无所不包就能坦然大公,坦然大公才能无不周全,无不周全才能符合自然,符合自然才能符合于道,符合道而行才能长久,终身可免于危险。

【章旨】

老子所讲为学的方法,主要是"观",就是针对事物的本来面貌,不带任何感情色彩,不受任何欲望的驱使,去冷静地体察自然万物。"致虚极,守静笃",就是要求人们保持内心的安静,以体察事物的真相。在这样的为学过程中,很重要的一个内容就是"观其复",即体察事物发展的内在规律。万物变化不已,但其中有常。这个常就是"反复",也就是辩证法上所说的否定之否定规律。事物不断发展,达到一定极限,就无法前进,这时候就会一变而到自己的反面。如此循环往复,以至无穷。

十七章

太上,下知有之^①;其次,亲而誉之;其次,畏之;其次,侮之。信不足焉,有不信焉。

悠兮其贵言^②。功成事遂,百姓皆谓我自然^③。

【注释】

①太上,下知有之:太上,最好,至上;指最好的世代。

②悠兮其贵言:悠兮,悠闲的样子。贵言,形容不轻易发号施令。

③功成事遂,百姓皆谓我自然:自然,自然而然。

【今译】

最好的世代,人民感觉不到统治者的存在;其次的,人民亲近他而赞美他;再其次的,人民畏惧他;更其次的,人民轻侮他。统治者的诚信不足,人民自然不相信他。

最好的统治者悠然无事,不轻易发号施令。事情办成功了,百姓都说是自然而然。

【章旨】

这一章是对无为而治、小国寡民的政治的说明。在老子看来,用严刑峻法来统治人民的,算不得好的统治者。同样,用仁义道德来进行统治、使人民感到烦扰的,也不是好的统治者。最好的统治者应该无为而治,达到"贵言"的境界。他从不轻易发号施令,老百姓根本感觉不到他的存在,但却能天下大治。即使这样,老百姓也不会对他感恩戴德,而认为本该如此。老子身处暴力横行的时代,对无忧无扰的自由生活充满了向往。

十八章

大道废,有仁义;智慧出,有大伪^①;六亲不和,有孝慈^②;国家昏乱,有忠臣。

【注释】

①大伪:虚伪。

②六亲不和,有孝慈:六亲,指父、子、兄、弟、夫、妇。孝慈,子女爱父母叫孝,父母爱子女叫慈。

【今译】

大道废弛,仁义才显现;智慧出现,才有虚伪;家庭不和,孝慈才彰显;国政昏乱,忠臣才出现。

【章旨】

"大道废,有仁义"并不是说老子否定仁义的观念,鼓励人们不仁不义。他的本义是说,在大道中,人们的行为自然合乎仁义的要求,这才是真正的仁义。如果这种仁义出于人们不自愿的仿效,那么它就比不上自然而然的仁义,等级就降一等了。等到统治者出来提倡某种道德观念的时候,说明这个社会中这种道德已经很缺乏了。

十九章

绝"圣"弃智,民利百倍;绝仁弃义,民复孝慈;绝巧弃利,盗贼无有。此三者以为文不足,故令有所属[①]:见素抱朴,少私寡欲[②]。

【注释】

①此三者以为文不足,故令有所属:此三者,指智辩、伪诈、巧利。文,文饰。属,归属,适从。

②见素抱朴,少私寡欲:见,通"现",表现。素,没有染色的丝,此处喻纯真。抱,持守,保持。朴,是没有雕琢的木,此处喻质朴。

【今译】

绝去"圣人"智慧,人民可以得到百倍的好处;绝去假仁假义,人民可以恢复孝慈的天性;抛弃巧诈和货利,盗贼自然就会消失。智辩、伪诈、巧利这三者全出于巧饰而为,不足以凭借它们治理天下。所以要使人有所归属:要使人民保持朴质,减少私欲。

【章旨】

老子认为:大道废弃的根本原因,在于所谓的圣人的误导,他们倡导的种种治国学说,如仁义、礼法等,无一不是以私字为核心。以私制私,私欲愈炽;结党营私,使整个统治阶级成为掠夺者,而百姓则沦为被压迫的对象。于是，犯上作乱、颠倒人伦、盗窃诈骗之风，接踵而来。所以他发出"绝'圣'弃智"的呼吁，希望居上位的君主，能够"见素抱朴，少私寡欲"，"处无为之事，行不言之教"，回到"太上"的轨道上。

二十章

　　绝学无忧①。唯之与阿,相去几何②? 美之与恶,相去何若? 人之所畏,不可不畏。

　　荒兮,其未央哉③!

　　众人熙熙,如享太牢,如春登台④。

　　我独泊兮其未兆,如婴儿之未孩⑤;

　　傫傫兮,若无所归⑥。

　　众人皆有余,而我独若遗⑦。我愚人之心也哉⑧!沌沌兮!

　　俗人昭昭,我独昏昏⑨。

　　俗人察察,我独闷闷⑩。

　　澹兮,其若海;飂兮,若无止⑪。

　　众人皆有以,而我独顽且鄙⑫。我独异于人,而贵食母⑬。

【注释】

　　①绝学无忧:绝,弃绝。无忧,即无扰。

　　②唯之与阿,相去几何:唯,恭敬地答应,这是晚辈回应长辈的声音。阿,怠慢地答应,这是长辈回应晚辈的声音。"阿"的声音高,"唯"的声音低,这里用以表示上下或贵贱的区别。相去,相差。

③荒兮,其未央哉:荒兮,广漠的样子。未央,即无尽的意思。

④众人熙熙,如享太牢,如春登台:熙熙,兴高采烈的样子。太牢,宴会或祭祀时并用牛、羊、猪三牲,泛指美味。如春登台,好像春天登台眺望。

⑤我独泊兮其未兆,如婴儿之未孩:泊,淡泊,恬静。未兆,没有迹象,没有预兆,形容不炫耀自己。兆,征兆,迹象。孩,与"咳"同,即婴儿的笑。

⑥儽(léi)儽兮,若无所归:儽儽,落落不群,无所依傍。无所归,无家可归。

⑦众人皆有余,而我独若遗:遗,不足的意思。

⑧我愚人之心也哉:愚人,"愚"是一种淳朴、真质的状态。老子以"愚人"为最高修养的生活境界。

⑨俗人昭昭,我独昏昏:昭昭,光耀自炫的样子。昏昏,暗昧的样子。

⑩俗人察察,我独闷闷:察察,严苛的样子。闷闷,淳朴的样子。

⑪澹兮,其若海;飂(liú)兮,若无止:澹,辽远。飂,高风,形容形迹飘逸。

⑫众人皆有以,而我独顽且鄙:以,用。顽且鄙,形容愚陋,笨拙。

⑬我独异于人,而贵食母:贵食母,重视滋养万物的道。母,喻道。食母,滋养万物的道。

【今译】

弃绝异化之学便无搅扰。应诺和呵斥,相差几多?美好和丑恶,相差几多?众人所畏惧的,我也不能不有所畏惧啊。

精神领域开阔啊,好像没有尽头的样子!

众人都兴高采烈,好像参加丰盛的筵席,又像春天登台眺望景色。

我却独个儿淡泊宁静啊,好像不知嬉笑的婴儿;

落落不群啊,好像无家可归。

众人都有多余,唯独我好像不足的样子。我真是"愚人"的心肠啊!

浑浑噩噩啊!

世人都自炫光辉,唯独我暗暗昧昧的样子。

世人都精明灵巧,唯独我无所识别的样子。

沉静的样子,好像湛深的大海;飘逸的样子,好像无有止境。

众人都有所施展,唯独我愚顽而拙讷。我和世人不同,独独重视滋养万物的道。

【章旨】

老子在这一章表达了作为圣人与社会人群的疏离感。他的价值判断和生活方式与众人不同:一般大众追求物质的享乐,圣人重视内心世界的安宁;一般大众纵情声色,圣人则但求精神的升华。所以,圣人虽然表面上表现得与众人没有什么不同,但在内心世界,他却时时保持自己独特的操守。在社会潮流面前,圣人从不苟同以求通,他们耿介自守,以愚自处,从而保持了自己内心世界的淳朴状态。

二十一章

孔德之容,惟道是从[1]。

道之为物,惟恍惟惚[2]。惚兮恍兮,其中有象[3];恍兮惚兮,其中有物;窈兮冥兮,其中有精[4];其精甚真,其中有信[5]。

自今及古,其名不去,以阅众甫[6]。吾何以知众甫之状哉? 以此[7]。

【注释】

①孔德之容,惟道是从:孔,甚,大。德,"道"的显现与作用为"德"。容,运作,状态。

②道之为物,惟恍惟惚:惟恍惟惚,即恍惚,隐约不清、难以捉摸的样子。惟,语气词。下文中的"惚兮恍兮""恍兮惚兮"意思同此。

③惚兮恍兮,其中有象:象,迹象。

④窈兮冥兮,其中有精:窈兮冥兮,深远暗昧。精,最微小的物质微粒。

⑤其精甚真,其中有信:其精甚真,这最微小的原质是很真实的。信,信验,真实。

⑥自今及古,其名不去,以阅众甫:以阅众甫,以观察万物的起始。众,万物。甫,开始。

⑦以此:此,指"道"。

【今译】

大德的状态,随着道的变化而变化。

道这个东西,是恍恍惚惚的。那样的惚惚恍恍,其中却有迹象;那样的恍恍惚惚,其中却有实物;那样的深远暗昧,其中却有精质;这种精质很真实,其中却是可以证验的。

从当今上溯到古代,它的名字永远不能消去,依据它才能认识万物的本始。我怎么知道万物本始的情形呢?从"道"去认识。

【章旨】

这一章揭示了"道"与"德"的关系。在老子看来,"道"是"德"之体,"德"为"道"之用。"道"在具体事物上表现出来就是"德"。"道"在社会人生中表现出来,也是"德"。

老子在这一章对"道"又进行了诗意的描绘。它深昧幽微,恍兮惚兮,但在其中确实蕴含着万物生发的实在。

二十二章

　　曲则全,枉则直,洼则盈,敝则新,少则得,多则惑①。

　　是以圣人抱一为天下式②。不自见,故明③;不自是,故彰;不自伐,故有功④;不自矜,故长。

　　夫惟不争,故天下莫能与之争。古之所谓"曲则全"者,岂虚言哉! 诚全而归之。

【注释】

　　①曲则全,枉则直,洼则盈,敝则新,少则得,多则惑:曲,委屈。枉,弯曲。惑,迷乱。

　　②是以圣人抱一为天下式:式,法式,范式。

　　③不自见,故明:自见,自现,自显于众。明,彰明。

　　④不自伐,故有功:伐,夸耀自己的功劳。

【今译】

　　委屈反能保全,弯曲反能伸展,低洼反能充盈,弊旧反能生新,少取反能多得,贪多反而迷乱。

　　所以有道的人坚守这一原则作为天下事理的规律。不自我表扬,反能显明;不自以为是,反能彰显;不自己夸耀,反能见功;不自我矜持,反能长久。

正因为不跟人争,所以天下没有人和他争。古人所说的"委屈可以保全"等话,怎么会是空话呢! 它是实实在在能起作用的。

【章旨】

这一章讲事物的相对性。老子认为,人们一般只看到了事物相反、相对的关系,但很少有人能理解:事物的性质往往就在这种相反、对立的关系中,才得以更清晰地显现。如同前面所说的"高下相形""音声相和"等。老子的哲学认为,人应该善于从负面来观察正面。老子所用的"负"的思考方法,是对中国哲学的重要贡献。

二十三章

希言自然①。

故飘风不终朝,骤雨不终日②。孰为此者? 天地。天地尚不能久,而况于人乎?

故从事于道者同于道,德者同于德,失者同于失③。同于道者,道亦乐得之;同于德者,德亦乐得之;同于失者,失亦乐得之。

信不足焉,有不信焉。

【注释】

①希言自然:希言,少说话。老子在这里的意思是少施加政令,与第十七章的"贵言"意思相近。言,指声教法令。

②故飘风不终朝,骤雨不终日:飘风,强风,大风。终朝,整整一个早上。骤雨,急雨,暴雨。

③失者同于失:失者,指失道、失德的人。

【今译】

少发号施令是合于自然的。

所以狂风刮不到一早晨,暴雨下不了一整天。谁使它这样的? 是天地。天地的狂暴都不能持久,何况人呢?

所以寻求道的人就合于道,寻求德的人就合于德,表现失道失德的人就会丧失所有。行为符合道的人,道也乐于得到他;行为符合德的人,德也乐于得到他;行为符合失的人,失也乐于得到他(他会成为失德失道之人)。

统治者的诚信不足,人民自然就不会相信他。

【章旨】

老子屡屡言及无为而治的政治理想。他在第十七章讲到统治者要"贵言",这里又提出统治者要"希言",意思大致相同,都要求统治者要尽量少地发号施令,尽量少地去骚扰百姓的生活,从而达到无为而治的理想。如果统治者仅仅依靠暴政,以严刑峻法的高压政策来使百姓服从,那他们的统治就会如暴风骤雨,维持不了多长时间。老子在后面还愤激地说:"民不畏死,奈何以死惧之!"在老子生活的时代,暴政比比皆是,所以老子感慨言之。

二十四章

企者不立,跨者不行①,自见者不明,自是者不彰,自伐者无功,自矜者不长。

其在道也,曰余食赘行②,物或恶之,故有道者不处③。

【注释】

①企者不立,跨者不行:企,踮起脚跟,翘起脚。跨,跃,越。

②其在道也,曰余食赘(zhuì)行:余食赘行,剩饭赘瘤。余食,剩饭。赘行,即赘形,长赘肉肿瘤。

③物或恶之,故有道者不处:处,不这样做。

【今译】

踮起脚跟,是站不牢的;大跨步前进,是走不远的;自逞己见的,反而不得自明;自以为是的,功劳反而不得彰显;自己夸耀的,反而不得成功;自我矜持的,反而不得长久。

从道的观点来看,这些急躁炫耀的行为,都等同剩饭赘瘤,惹人厌恶。所以有道的人不这样做。

【章旨】

老子的人生哲学主张谦退自守、冲虚凝静,反对人自我夸耀、自我矜持。一个人如果性情浮躁,就无法成就大事,做事必然无法沉静久长,自然无法成功。就好像有人踮起脚跟，要显示自己能够望远，其实这样的人根本无法立足；有的人大踏步跨越前行，要显示自己的步履矫健，其实这样的人根本无法致远。所以老子对那些自见者、自是者、自伐者、自矜者都表示了厌弃，说他们像剩饭和赘肉一样惹人生厌。

二十五章

有物混成，先天地生。寂兮寥兮，独立而不改，周行而不殆，可以为天地母①。吾不知其名，字之曰"道"，强为之名曰大。大曰逝，逝曰远，远曰反②。

故道大，天大，地大，人亦大。域中有四大，而人居其一焉③。

人法地，地法天，天法道，道法自然④。

【注释】

①寂兮寥兮，独立而不改，周行而不殆，可以为天地母：寂兮，静而无声。寥兮，动而无形。独立而不改，形容道的绝对性和永存性。周行，循环运动。殆，通"怠"，止息，停止。母，根源，根本。

②大曰逝，逝曰远，远曰反：逝，指"道"的进行，周流不息。反，通"返"，返回。

③域中有四大，而人居其一焉：域中，空间之中，犹今人所称宇宙之中。

④人法地，地法天，天法道，道法自然：道法自然，道本忭自然，自古如此。

【今译】

有一个浑然一体的东西，在天地形成以前就存在。听不见它的声音也看不着它的形体,它独立长存而永不休止,循环运行而生生不息,可以为天地万物的根源。我不知道它的名字,称它为"道",再勉强给它起个名字叫作"大"。它广大无边而周流不息,周流不息而伸展遥远,伸展遥远而返回本原。

所以说:道大,天大,地大,人也大。宇宙间有四大,而人是四大之一。

人效法地,地效法天,天效法道,道本性自然。

【章旨】

这一章描述了"道"的特性,是《道德经》一书中最为详细的地方。简单来说,"道"有这样几个特性:"道"是浑朴状态的,相对于世界的杂乱无序而言,它是浑然自足的统一体,所以说它"有物混成";"道"在时间顺序上是先天地而生的,而且天地万物也是由它所产生,所以说"先天地生";"道"的运动是循环往复以至无穷的,所以说"大曰逝,逝曰远,远曰反";人的运动规律应该仿照天地,天地的运动规律应该仿照"道","道"的运行应该仿照自然。

二十六章

━━━━━━❀◈❀━━━━━━

　　重为轻根,静为躁君①。

　　是以圣人终日行,不离辎重②。虽有荣观,燕处超然③。奈何万乘之主,而以身轻天下④?

　　轻则失根,躁则失君。

【注释】

　　①重为轻根,静为躁君:躁,动,躁动。君,君主,引申为主宰。

　　②是以圣人终日行,不离辎重:辎重,军中载器械粮食的车。

　　③虽有荣观,燕处超然:荣观,指华丽的生活。荣,豪华,高大。观,台观,楼观。燕处,安居。超然,不为外物所动的样子。

　　④奈何万乘之主,而以身轻天下:万乘之主,指大国的君主。乘,古代战车一车四马为一乘。万乘,指拥有兵车万辆的大国。

【今译】

　　厚重是轻率的根本,安静是躁动的主宰。

　　因此圣人整日行进,不离开粮草辎重。虽然有华丽的生活,却安居泰然。为什么身为大国的君主,还轻率躁动以治天下呢?

　　轻率就失去了根本,躁动就失去了主体。

【章旨】

　　本章主要批评浮躁轻率的作风,从而从反面来宣扬老子谦退冲虚的主张,这可以从两个层面来理解。对于一般人来说,轻率浮躁的作风使人不能沉静,在世俗的杂事中与物推迁,就好像叶落狂流,身不由己。而作为一个统治者,如果禀赋轻率浮躁,那就会恣意纵欲,奢侈无度,给人民造成巨大的伤害。所以他说,"重为轻根""静为躁君"。

二十七章

善行无辙迹①；善言无瑕谪②；善数不用筹策③；善闭，无关楗而不可开④；善结，无绳约而不可解⑤。

是以圣人常善救人，故无弃人；常善救物，故无弃物。是谓袭明⑥。

故善人者，不善人之师；不善人者，善人之资⑦。不贵其师，不爱其资，虽智大迷。是谓要妙⑧。

【注释】

①善行无辙迹：辙，轨迹。迹，足迹。

②善言无瑕谪：瑕谪，过失，疵病。

③善数不用筹策：数，计算。筹策，古时候计数的器具。

④善闭，无关楗(jiàn)而不可开：楗，门闩，关闭门户用的器具。

⑤善结，无绳约而不可解：绳约，绳索。约，绳子。

⑥是谓袭明：袭明，因袭常道。袭，因袭，顺着。

⑦不善人者，善人之资：资，取资、借资的意思。

⑧是谓要妙：要妙，精要玄妙。

【今译】

善于行走的，走过不留痕迹；善于言谈的，谈话中没有过失；善于计算的，不用筹码；善于关闭门户的，不用栓销却使人不能进入；善于捆扎

53

的,不用绳索却使人不能解。

因此,有道的人善于救人,所以没有被遗弃的人;有道的人善于物尽其用,所以没有被抛弃的物。这就叫作因袭常道。

所以善人可以做不善人的老师,反过来,不善人可以做善人的借鉴。不尊重他的老师,不珍惜他的借鉴,虽然自以为聪明,其实是大迷糊。这真是精要玄妙的道理。

【章旨】

在老子看来,圣人无弃人、无弃物,这就是因袭了常道。不管是对待善良的人,或不善良的人,圣人都一视同仁。一般人憎恨、厌弃不善良的人,但圣人却设法疗救不善者的邪恶,使其弃恶从善。

二十八章

知其雄,守其雌,为天下谿①。为天下谿,常德不离,复归于婴儿。

知其白,守其黑,为天下式②。为天下式,常德不忒,复归于无极③。知其荣,守其辱,为天下谷。为天下谷,常德乃足,复归于朴。

朴散则为器,圣人用之则为官长④。故大制不割⑤。

【注释】

①知其雄,守其雌,为天下谿(xī):雄,比喻刚动、躁进。雌,比喻柔静、谦下。谿,同"溪",溪涧,在此作低洼处解。

②知其白,守其黑,为天下式:式,模式,榜样。

③为天下式,常德不忒(tè),复归于无极:忒,变更。无极,无穷。

④朴散则为器,圣人用之则为官长:器,物,指万物。之,指朴。官长,百官的首长,指君主。

⑤故大制不割:大制不割,完善的政治是不割裂的。

【今译】

深知雄强重要,却安于雌柔的地位,愿做天下的溪涧。作为天下的溪涧,常德就不会离失,就能回到婴儿的状态。

深知光明的显赫,却安守昏暗的位置,作为天下所仿效的模式。作为天下所仿效的模式,常德就不会离失,就能复归到不可穷极的真理。深知荣耀的尊贵,却安守卑下的位置,作为天下的川谷。作为天下的川谷,常德才可以充足,而恢复到真朴的状态。

真朴的道分散成万物,有道的人沿用真朴,则为百官的首长。所以完善的政治浑然一体,无法割裂。

【章旨】

老子哲学主张以静制动,以柔弱胜刚强。这种理解是不错的。但老子的这种思想,还有一个前提,就是要"知其雄"——要首先了解事物刚劲的一面,才能执守柔弱的一面。只有对事物有了全面的了解,才能决定去取。一般人往往误解或片面地理解老子的哲学,以为他一味地宣扬退让,这真是断章取义。实际上,老子是在有了"知其雄"的前提下,才有"守其雌"的结论的。

二十九章

〰〰✿〰✿〰

　　将欲取天下而为之，吾见其不得已^①。天下神器，不可为也，不可执也^②。为者败之，执者失之。

　　故物或行或随，或嘘或吹^③，或强或羸^④，或载或隳^⑤。

　　是以圣人去甚，去奢，去泰^⑥。

【注释】

　　①将欲取天下而为之，吾见其不得已：取，为，治，治理。为，指"有为"。不得已，达不到目的。不得，得不到自己所想得到的。

　　②天下神器，不可为也，不可执也：神器，神圣的东西，指天下。

　　③或嘘或吹：嘘，出气缓为嘘。吹，出气急为吹。

　　④或强或羸(léi)：羸，瘦弱。

　　⑤或载或隳：隳，毁坏。

　　⑥是以圣人去甚，去奢，去泰：去，摒去。甚，极端。泰，太过。

【今译】

　　想要治埋天下却采取"有为"的方式，我看他是不能达到目的了。天下是神圣的东西，不能依靠强力，不能用强力把持。出于强力的，一定会失败；加以把持的，一定会失去。

　　所以世人情性不一，有的领头，有的随后；有的性缓，有的性急；有的强健,有的羸弱;有的自爱,有的自毁。

所以圣人要去除极端的、奢侈的、过度的措施。

【章旨】

老子主张理想的政治应该"无为而治",所以他反对"有为"——劳民伤财的政治;他也反对"执"——用严刑峻法强迫百姓屈从自己的统治。在老子看来,越是拼命想得到天下的,越是得不到,因为这样的统治者往往一厢情愿,用各种政治手段破坏百姓自然无忧的生活。所以他告诫那些统治者,应该去除极端的统治措施,改变奢侈的生活方式。

三十章

　　以道佐人主者,不以兵强天下①。其事好还②。师之所处,荆棘生焉。大军之后,必有凶年③。

　　善有果而已,不敢以取强④。果而勿矜,果而勿伐,果而勿骄,果而不得已,果而勿强。

　　物壮则老,是谓不道,不道早已⑤。

【注释】

　　①以道佐人主者,不以兵强天下:佐,辅佐。

　　②其事好还:好还,很快得到报应。好,甚,很。还,还报,报应。

　　③大军之后,必有凶年:大军,这里指大战。凶年,灾荒年。

　　④善有果而已,不敢以取强:果,目的,结果。取强,逞强。

　　⑤物壮则老,是谓不道,不道早已:壮,武力兴暴。老,衰败。不道,不合于道。已,停止,这里指灭亡。

【今译】

　　用道辅佐君主的人,不靠兵力逞强于天下。用兵这件事一定会得到报应。军队所到的地方,荆棘就长满了。大战过后,一定会紧随着荒年。

　　善用兵的只求达到救济危难的目的就是了,不借用兵力来逞强。达到目的却不矜持,达到目的却不夸耀,达到目的却不骄傲,达到目的看成出于不得已,达到目的却不逞强。

凡是气势壮盛的就会趋于衰败,这是不合于"道"的,不合于"道"就会加速灭亡。

【章旨】

　　老子旗帜鲜明地反对战争,反对暴力征服。战争是人类最愚昧、最野蛮的集体行径之一,它对社会生产力的发展造成极大的破坏,甚至使人类社会的发展走向倒退,所以老子形象地指出:"师之所处,荆棘生焉。大军之后,必有凶年。"老子从哲学的角度分析战争带来的祸患:事物过度强壮,就会衰老;衰老就容易引起事物的衰竭消亡。战争往往是以强凌弱,按照老子的观点分析,天道好还,即使是强者、胜者也会很快得到惩罚。所以他的忠告是:"善有果而已,不敢以取强。"

三十一章

夫兵者,不祥之器,物或恶之,故有道者不处^①。

君子居则贵左,用兵则贵右^②。兵者不祥之器,非君子之器,不得已而用之,恬淡为上^③。胜而不美,而美之者是乐杀人。夫乐杀人者,则不可得志于天下矣。

吉事尚左,凶事尚右^④。偏将军居左,上将军居右^⑤,言以丧礼处之。杀人之众,以悲哀泣之,战胜,以丧礼处之。

【注释】

①夫兵者,不祥之器,物或恶之,故有道者不处:处,处理,安排。这里引申为使用。

②君子居则贵左,用兵则贵右:居,平时。贵左,以左边为贵。古时候的人认为左阳右阴,阳生而阴杀。所以平时以居左为贵,战时以居右为贵。

③兵者不祥之器,非君子之器,不得已而用之,恬淡为上:恬淡,平和淡漠。此处隐示不是心中所喜好的。

④吉事尚左,凶事尚右:尚,崇尚,与上文"贵"同义。

⑤偏将军居左,上将军居右:偏将军,副将。上将军,主将。

【今译】

兵器是不祥的东西,大家都怨恨它,所以有道的人不使用它。

君子平时以左方为贵,用兵时以右方为贵。兵器是不祥的东西,不是君子所使用的东西。万不得已而使用它,最好要淡然处之。胜利了也不要得意扬扬,如果得意扬扬,就是喜欢杀人。喜欢杀人的,就不能使天下人拥护他。

吉庆的事情以左方为上,凶丧的事情以右方为上。偏将军在左边,上将军在右边,这是说出兵打仗用丧礼的仪式来处理。杀人众多,带着哀痛的心情去对待,打了胜仗要用丧礼的仪式去处理。

【章旨】

这一章的主旨还是反战。老子旗帜鲜明地说,兵器乃不祥之器,有道者不会使用。那么,挑起战争的人,就是无道者了。老子在这里还运用了当时的礼仪制度的规定,来论证有道者会努力避免战争的发生。即使迫不得已被动应战,打胜了仗,还是用丧礼的仪式去处理。

三十二章

道恒无名,朴虽小,天下莫能臣①。侯王若能守之,万物将自宾②。

天地相合,以降甘露,民莫之令而自均③。

始制有名④。名亦既有,夫亦将知止,知止可以不殆⑤。

譬道之在天下,犹川谷之与江海⑥。

【注释】

①道恒无名,朴虽小,天下莫能臣:小,"道"是隐而不见的,所以用"小"来形容。臣,臣服,役使。

②侯王若能守之,万物将自宾:自宾,自将宾服于"道"。

③天地相合,以降甘露,民莫之令而自均:民莫之令,即"民莫令之",没有人指使它。

④始制有名:万物兴作,于是产生了各种名称。始,指万物的开始。制,作。

⑤名亦既有,夫亦将知止,知止可以不殆:知止,知道行事的限度。止,适可而止,即行事有个限度。殆,危险。

⑥譬道之在天下,犹川谷之与江海:譬,打比方。

【今译】

道永远是无名而处于朴质状态的。虽然幽微不可见,天下却没有人能使它臣服。侯王如果能守住它,万物将会自然地归从。

天地间阴阳之气相合,就降下甘露,人们不须指使,它自然会润泽万物。

万物兴作就产生了各种名称。各种名称已经制定了,就知道有个限度,知道有这个限度,就可以避免危险。

打个比方,道存在于天下,就好像河川流入江海。

【章旨】

这一章描述道的性质和作用。道幽微深远,难以名状,总是处于朴质的状态。它是至大的,因为它先天地生,为万物母;它又是至小的,因为它幽微到几乎难以察见。即使这样,却没有什么东西可以使它臣服。老子曾经说,道是"天下谿",这里所打的比方"道之在天下,犹川谷之与江海",也是同样的意思。

三十三章

知人者智，自知者明。

胜人者有力，自胜者强①。

知足者富。

强行者有志②。

不失其所者久。

死而不亡者寿③。

【注释】

①胜人者有力，自胜者强：强，含有果决的意思。

②强行者有志：强行，坚持力行。

③死而不亡者寿：死而不被遗忘，身死而道犹存。

【今译】

认识别人的是"智"，了解自己的才算"明"。

战胜别人是靠力量，战胜自己的才算坚强。

知道满足的就是富有。

努力不懈的就是有志。

不失本性的就能长久。

身死而名不朽的才是长寿。

【章旨】

老子的人生哲学注重人的自我修养,其中尤其注重人对内心世界的自我省察。通过对自己内心世界的省视,找到自然本来的自我面貌,从而努力保持与自然发展规律的和谐一致,与物推迁。在老子看来,人应知人,更应该自知。人应该不断战胜自我,同时,应该在物质生活上保持知足常乐的心态。

这里所谓的"死而不亡者寿",和我们今天所说的"身死而名不朽"同义。《春秋》上说人有三不朽,立德、立言、立功都可以使人"死而不亡"。现代诗人说:"有的人活着,他已经死了;有的人死了,他还活着。"意思比老子的又进了一步。

三十四章

大道泛兮,其可左右^①。万物恃之以生而不辞,功成而不有,衣养万物而不为主^②。常无欲,可名于小^③;万物归焉而不为主,可名为大。以其终不自为大,故能成其大。

【注释】

①大道泛兮,其可左右:泛,广泛,普遍。左右,泛指各处。

②万物恃之以生而不辞,功成而不有,衣养万物而不为主:恃,依赖。辞,拒绝,推辞。衣养,护养。衣,保护。养,养育。

③常无欲,可名于小:可名于小,可以称它为"小"。

【今译】

大道广泛流行,无所不施。万物依赖它生长而它从不推辞,有所成就而不自以为有功,养育万物而不以主人自居。它从没有任何欲望,可以称它为"小";万物归附而不自以为主宰,可以称它为"大"。由于它不自以为伟大,恰恰才能成就它的伟大。

【章旨】

这仍然是对道的颂歌。"道"生育万物、长养万物,但它功成不居,不自以为伟大,它的谦虚又进一步成就了它的伟大。老子在这里借赞颂道的作用,表达了自己对谦退守素的人生态度的认可。

三十五章

~~~~~~~~~~

执大象，天下往①。往而不害，安平太②。

乐与饵，过客止③。道之出口，淡乎其无味，视之不足见，听之不足闻，用之不足既④。

【注释】

①执大象，天下往：大象，大道。

②往而不害，安平太：安平太，平和安泰。

③乐与饵，过客止：乐与饵，音乐和美食。

④用之不足既：既，尽，完。

【今译】

执守大道，天下人都来归附。归附而不互相伤害，于是大家都平和安泰。

音乐和美食，能使过路的人停步。而道的表述，却淡得没有味道，看它却看不见，听它却听不到，用它却用不完。

【章旨】

"道"说出来好像淡乎寡味，不能像音乐和美食一样吸引人。它视之而不可见，听之而不可闻，但它的功用无穷。如果有人能执守它，那么普天下的人都会来归依。

三十六章

⟡ ❦ ❦ ⟡

　　将欲歙之,必固张之^①;将欲弱之,必固强之;将欲
废之,必固兴之;将欲取之,必固与之。是谓微明^②。

　　柔弱胜刚强。鱼不可脱于渊,国之利器不可以
示人^③。

【注释】

　　①将欲歙(xī)之,必固张之:歙,收敛,聚拢。固,必然,一定。

　　②是谓微明:微明,先幽微而后显明,即先处劣势而后处优势。

　　③鱼不可脱于渊,国之利器不可以示人:脱,离开。利器,锐利的武
器。此处指政权军力。示,炫耀。

【今译】

　　将要合拢的,必先张开;将要削弱的,必先强盛;将要废弃的,必先兴
举;将要夺取的,必先给予。这就是先幽微而后显明的道理。

　　柔弱胜过刚强。鱼不能离开深渊,国家的利器不可以随便向人夸耀
显示。

【章旨】

　　老子认为,事物总是处在不断的发展变化中,总是在向自己的对立
面转化。当事物不断变化发展超过一定极限时,就会转向对立面,所谓
物极必反。这就是辩证法所谓的对立统一规律。日常生活中这样的例

69

子并不少见,比如月盈则缺。

　　老子经常为人诟病的理论是柔弱胜刚强。事实上,老子这话不能完全照字面意思来断章取义。柔弱的东西富含韧性,不易折断。而坚硬的东西则往往不能长久保有。从这个意义上说,柔弱的功用胜过刚强。

三十七章

道常无为而无不为①。侯王若能守之,万物将自
化②。化而欲作,吾将镇之以无名之朴③。无名之朴,
夫亦将无欲。不欲以静,天下将自正④。

【注释】

①道常无为而无不为:"无为"是顺其自然,不妄为。"无不为"是说
没有一件事不是它所为的,这是"无为"(不妄为)所产生的效果。"无为
而无不为"即是不妄为,就没有什么事情是做不成的。

②侯王若能守之,万物将自化:自化,自我化育,自生自长。

③吾将镇之以无名之朴:镇,使安定。

④不欲以静,天下将自正:以,而。自正,自然安定。

【今译】

道永远是顺任自然的,万事都出于它的孕育。侯王如果能持守它,
万物就会自生自长。自生自长而至贪欲萌作时,我就用道的真朴来安定
它。这个道的真朴,就能使贪欲消停。贪欲消停而趋于宁静,天下便自
然复归于安定。

【章旨】

"道常无为而无不为",这几乎是老子哲学中对"道"的功用最精要

的概括了。老子提出自然界发生发展的总的规律,是希望统治者能够效法道体的运动,顺乎自然,无为而治。对百姓的生活尽量不加干扰,让人民有宽松的环境,来发展自己的物质生活和精神生活。

下篇

德经

三十八章

上德不德,是以有德①;下德不失德,是以无德②。

上德无为而无以为③,下德无为而有以为。上仁为之而无以为,上义为之而有以为④,上礼为之而莫之应,则攘臂而扔之⑤。

故失道而后德,失德而后仁,失仁而后义,失义而后礼⑥。

夫礼者,忠信之薄而乱之首⑦。

前识者,道之华而愚之始⑧。是以大丈夫处其厚不居其薄,处其实不居其华⑨。故去彼取此。

【注释】

①上德不德,是以有德:上德的人不以德而自恃,因此才是真正具备德的人。

②下德不失德,是以无德:下德的人,恪守形式上的德,反而为"德"所拘泥。

③上德无为而无以为:上德的人顺乎自然,无心作为。

④上仁为之而无以为,上义为之而有以为:上仁的人有所作为但出于无心,上义的人有所作为但却是刻意为之。

⑤上礼为之而莫之应,则攘臂而扔之:攘,伸出。扔,牵拉。

⑥故失道而后德,失德而后仁,失仁而后义,失义而后礼:这句的文

句很难理解,其实是省略字句的原因。《韩非子·解老》里说:"失道而后失德,失德而后失仁,失仁而后失义,失义而后失礼。"这就明白多了。

⑦夫礼者,忠信之薄而乱之首:薄,不足。首,开端。

⑧前识者,道之华而愚之始:前识,人们制定的礼仪规范。华,虚华。

⑨是以大丈夫处其厚不居其薄,处其实不居其华:厚,敦厚,指道。薄,薄弱,指礼仪。

【今译】

上德的人不自恃有德,所以实是有德;下德的人刻意求德,所以没有到达德的境界。

上德的人顺任自然而无心作为,下德的人无所作为而有心去作为。上仁的人有所作为却出于无意,上义的人有所作为而出于有意,上礼的人有所作为而得不到回应,于是就扬着胳膊强迫人就范。

所以丧失了道才会有德,失了德才会有仁,丧失了仁才会有义,失了义才会有礼。

礼,标志着忠信的不足,是祸乱的开端。

人们预设的种种道德礼仪规范,不过是道的虚华,是愚昧的开始。因此大丈夫立身敦厚,而不居于轻薄;存心笃实,而不居于虚华。所以舍弃虚华轻薄而采取厚实。

【章旨】

在老子看来,道、德有体用之分。道为体,德是道的具体体现。道无声无形,体现在具体事物上,就是德。在老子看来,能够领会"道"的人,就是和天地万物合同为一的圣人,他在具体的行为中能处处时时体现出"德"。但人们因为拘泥于世间的仁义礼仪,而不能把认识上升到道、德的境界。这是老子感到痛心疾首的。《道德经》五千言里,讲到这意思的地方很多。

老子把人们所崇尚的道、德、仁、义、礼分为五个层次,这五个层次是渐次以降的。庄子也说,仁义礼仪是道德的渣滓。道、德丧失了,才会有仁、义、礼等人为规定的出现。在老子那时候,有很多人假借仁义礼仪等作为剽夺名位的工具。这些规定成为禁锢人心的枷锁,是人们认识大道的障碍。只有崇尚自然,不以仁义自居才能与天地混同为一,从而进入精神的自由境界。

三十九章

昔之得一者:天得一以清,地得一以宁,神得一以灵,谷得一以盈,万物得一以生,侯王得一以为天下正①。

其致之,天无以清,将恐裂②;地无以宁,将恐发③;神无以灵,将恐歇;谷无以盈,将恐竭;万物无以生,将恐灭;侯王无以正而贵高,将恐蹶④。

故贵以贱为本,高以下为基。是以侯王自谓孤、寡、不穀⑤,此其以贱为本也!非乎?故致数舆无舆⑥。不欲琭琭如玉,珞珞如石⑦。

【注释】

①昔之得一者:天得一以清,地得一以宁,神得一以灵,谷得一以盈,万物得一以生,侯王得一以为天下正:一,相当于"道"。

②其致之,天无以清,将恐裂:致,推。恐,恐怕。

③地无以宁,将恐发:发,通"废"。

④侯王无以正而贵高,将恐蹶:蹶,失败。

⑤是以侯王自谓孤、寡、不穀:孤、寡、不穀都是古代君王自称的谦辞。

⑥故致数舆无舆:致,通"至"。舆,通"誉"。

⑦不欲琭琭如玉,珞珞如石:琭琭,形容玉的华丽精美。珞珞,石头坚

实的样子。

从来得到"一"的道:天得到"一"而清明,地得到"一"而宁静,神得到"一"而灵妙,河谷得到"一"而充盈,万物得到"一"而生长,侯王得到"一"而使得天下安定。

推而言之,天不能保持清明,难免要崩裂;地不能保持宁静,难免要震溃;神不能保持灵妙,难免要消失;河谷不能保持充盈,难免要涸竭;万物不能保持生长,难免要绝灭;侯王不能保持清静,难免要颠覆。

所以贵以贱为根本,高以下为基础。因此侯王自称为"孤""寡""不穀"。这就是把低贱当作根本!不是吗?所以急切地想得到声誉,必定得不到声誉。因此,有道之人不愿像玉那样华丽,而宁可如石块般坚实。

【章旨】

本章主要讲道的普遍性、重要性。不论天、地、神、谷、万物、侯王,都来源于道。如果失去了道,则天地万物就失去了存在的基础。老子在这里把"道"和"一"统一起来,这和西方哲学里的毕达哥拉斯学派的说法有一致的地方。他们认为"数"是万物之源,在自然诸原理中,数理是第一原理。"元一"乃是事物之本原。

老子在这里所说的"致数舆无舆(至数誉无誉)",是老子人生哲学的重要内容。一个人要是汲汲于功名,反而与功名无缘。更进一层讲,那些至上的荣誉,常常是世人所不能了解的。从这个角度来讲,至高的荣誉和默默无闻也没有什么分别啊!

四十章

反者道之动①,弱者道之用②。天下万物生于有,有生于无。

【注释】

①反者道之动:向着相反的方向转化,是"道"运动的规律。

②弱者道之用:保持着柔弱的状态,是"道"的作用。

【今译】

向着相反的方向转化,是"道"运动的规律。保持着柔弱的状态,是"道"的作用。天下万物生于可见的"有",有生于不可见的"无"。

【章旨】

老子哲学已经认识到辩证法一条很重要的规律,即:事物的矛盾和对立转化。"反者道之动"几乎是这条规律最经典的表述了。老子认识到世界上的事物都具有矛盾性,在它们内部各有其对立面,对立面之间互相转化,这就形成了事物的运动变化。老子还有类似的形象的表述,比如:"祸兮,福之所倚;福兮,祸之所伏。"

"弱者道之用"也是老子人生哲学的重要命题。它不像人们想象的那样消极,在实际人生中自有其积极意义。老子崇尚虚静、无为,讲究以柔弱胜刚强,所以他说:人身上最坚固的是牙齿,但它们最先脱落。舌头最柔弱,但直到人生的最后一息,它也完好无损。

四十一章

　　上士闻道,勤而行之;中士闻道,若存若亡;下士闻道,而大笑之。不笑,不足以为道。故建言有之①:

明道若昧,

进道若退,

夷道若纇②,

上德若谷,

大白若辱,

广德若不足,

建德若偷③,

质真若渝,

大方无隅,

大器晚成④,

大音希声,

大象无形⑤。

道隐无名。

夫唯道,善贷且成。

【注释】

　　①故建言有之:建言,即立言,指前人的言论。

②明道若昧,进道若退,夷道若纇(lèi):昧,幽暗不明。夷,平坦。纇,不平。

③上德若谷,大白若辱,广德若不足,建德若偷:辱,垢黑。建德,立德。偷,怠惰。

④质真若渝,大方无隅,大器晚成:渝,混浊。隅,边角。

⑤大音希声,大象无形:希,通"稀",少。

【今译】

上士听了道,努力去实行;中士听了道,将信将疑;下士听了道,哈哈大笑。不被嘲笑,那就不足以成为道! 正如前人所说:

光明的道好似幽暗,

前进的道好似后退,

平坦的道好似崎岖,

崇高的德好似低下的川谷,

极度的白好似含垢,

广大的德好似不足,

刚健的德好似松弛懈怠,

质性纯真好似受污染变得混浊,

最方正的好似没有边角,

最大的器具需要长时间才能完成,

最大的乐声反而听来无声响,

最大的形象反而看不见形迹。

道幽隐而没有名称。

只有道,善于辅助万物并使它生成。

【章旨】

道是玄妙的,人的资质不同,对道的认识也不同。所以下士听说道如此玄妙,竟会大笑,他们哪能领略道的玄机呢! 上士闻道,努力践行。中士闻道,半信半疑。在真理面前,人们总习惯于裹足不前,老子所描述的这种现象,在今天同样如此。

　　这一章里描绘了事物两极的相反相成,我们从实际生活经验里也能隐约体会到这些道理的真理性。老子的人生哲学里,虚静胜过强健,柔弱胜过刚硬,无为胜过有为。

　　老子在这里所描写的"大音希声,大象无形",对中国古典艺术哲学的影响很大,特别是音乐理论和绘画理论。这些理论在庄子那里得到了进一步的发挥,成为中国古典艺术哲学重要的思想来源。

四十二章

———⌘———

　　道生一,一生二,二生三,三生万物^①。

　　万物负阴而抱阳,冲气以为和^②。

　　人之所恶,惟孤、寡、不穀,而王公以为称。故物或损之而益,或益之而损^③。人之所教,我亦教之:强梁者不得其死,吾将以为教父^④。

【注释】

　　①道生一,一生二,二生三,三生万物:一指太极,二指阴阳,三指阴、阳、阴阳相和。这是老子所想象的万物的发生顺序。

　　②万物负阴而抱阳,冲气以为和:负,和"抱"意义相同,都是蕴含的意思。冲,阴阳二气摇动。

　　③故物或损之而益,或益之而损:损,减少。益,增多。

　　④强梁者不得其死,吾将以为教父:强梁者,强暴者。教父,教学的开始。父,同"甫"。

【今译】

　　道化生出"一"(太极),"一"化生出"二"(阴阳),"二"化生出"三"(阴、阳、阴阳相和),"三"化生出万物。

　　万物都包含着阴和阳,阴阳两气互相激荡而成新的和谐体。

　　人所厌恶的就是"孤""寡""不穀",但是王公却用来称呼自己。所以一切事物,减损它有时反而得到增加,增加它有时反而受到减损。别人教导我的,我也用来教导人:强暴的人不得好死,我把它当作施教的开始。

【章旨】

这一章里,老子阐述了他的朴素的宇宙发生论。老子把道看成是宇宙的本源,是万事万物化生的母体。它化生出太极——"一","一"又化生出阴阳两极,阴阳相和,化生出万事万物。既然人是自然化生的产物,那么人类的行为应该效法自然的运动。

这章的后半部分,老子从自然而类及于人类。他从前贤的教诲中同样也得出这样的结论:强梁者不得其死,很少有善终的。这也就是"弱者道之用"的形象说明。在老子那里,天道和人道的运行规律是一致的。

四十三章

　　天下之至柔,驰骋天下之至坚。出于无有,入于无
间^①。吾是以知无为之有益。
　　不言之教,无为之益,天下希及之^②。

【注释】

　　①出于无有,入于无间:无有,无形的道。无间,有形的物体。
　　②不言之教,无为之益,天下希及之:教,教导。益,好处。

【今译】

　　天下最柔软的东西,能驾御天下最坚硬的东西。无形的道能出入于
有形的物体。我因此知道无为的益处。
　　不言的教化,无为的益处,天下很少人能够做得到。

【章旨】

　　这一章还是讲柔弱虚静的好处。在老子看来,柔弱胜刚强,无为胜
有为。所以他再三讲述申说无为的益处。可惜世人都汲汲于功名利禄
的追求,对于“无为则无不为”的道理,很少有人能认真领会。

四十四章

名与身孰亲^①？身与货孰多^②？得与失孰病^③？

甚爱必大费,多藏必厚亡^④。

知足不辱,知止不殆,可以长久^⑤。

【注释】

①名与身孰亲:名,名望。亲,亲切。

②身与货孰多:货,财货。多,此处指"珍贵"。

③得与失孰病:失,丢失。病,使……病。

④甚爱必大费,多藏必厚亡:爱,吝惜。

⑤知足不辱,知止不殆,可以长久:殆,危险。

【今译】

名望和生命,何者更亲切？生命与财富,何者更珍贵？获得与失去,何者更有害？

过分吝惜,必定导致大量的耗费;过多收藏,必定导致更严重的损失。

知道满足就不会遭受困辱,了解事物的极限就不会遭受危险,这样才能长久保全自己。

【章旨】

常人多轻身而徇名利,贪得而不顾危亡。老子唤醒世人要看重生命,不可为名利而奋不顾身。"甚爱必大费,多藏必厚亡",这是很有道理的话。放眼观看,处处可以见到社会上的人在求夺争攘的圈子里翻来滚去,其间的得失存亡,其实是很显然的。

四十五章

大成若缺,其用不弊①。

大盈若冲,其用不穷②。

大直若屈,大巧若拙,大辩若讷③。

躁胜寒,静胜热。清静以为天下正。

【注释】

①大成若缺,其用不弊:弊,衰败。

②大盈若冲,其用不穷:冲,空虚。穷,穷尽。

③大直若屈,大巧若拙,大辩若讷:讷,不擅言谈。

【今译】

最完满的东西好像有欠缺,但是它的作用是不会衰败的。

最充盈的东西好像空虚,但是它的作用是不会穷尽的。

最直的东西好像弯曲,最灵巧的东西好像笨拙,最卓越的辩才好像言语迟钝。

运动可以驱除寒冷,安静可以战胜昏热。清静无为,可以做人民的模范。

【章旨】

这一章还是讲老子的辩证法思想。老子认为有些事物表面看起来是一种情况,实际上它可能恰恰属于反面。事物在很多时候是相反相成的,遇到事情要能注意到对立面,善于运用矛盾对立统一规律,则往往可以转圜。天下纷纷,若用智术相驱逐,则愈发混乱不堪。若清静守虚,则无为而化。

四十六章

天下有道,却走马以粪^①;天下无道,戎马生于郊^②。

咎莫大于欲得,祸莫大于不知足。故知足之足,此恒足矣。

【注释】

①天下有道,却走马以粪:却,驱赶。走马,善跑的战马。粪,耕种。

②天下无道,戎马生于郊:戎马,相当于上文的"走马",就是母战马。母马一般不用在战场上,但这里说连战马都在疆场上出生,说明天下无道,战事频仍。

【今译】

国家政治上清明,就把战马还给农夫用来耕种;国家政治不清明,便致使戎马生于郊野。

没有比贪得无厌更大的罪过了,没有比不知足更大的祸患了。所以懂得满足的这种满足,将是永远的满足。

【章旨】

老子是一个反对战争的人,他对当时诸侯之间频仍的兼并战争深恶痛绝,因为这些战争给人民带来了无穷的困苦。战争的根源在于统治者的贪心不足,所以老子主张"知足之足,此恒足矣"。老子的这种观点,在后世逐渐被人们引申为知足常乐的思想。

　　老子清静寡欲、知足常足的思想，在当时是对非正义战争的一种抗争，但到后来，却成为左右中国人观念的消极因素。

四十七章

不出户,知天下;不窥牖,见天道①。其出弥远,其知弥少②。是以圣人不行而知,不见而名③,不为而成。

【注释】

①不窥牖,见天道:牖,窗子。

②其出弥远,其知弥少:知,指对天道的了解。

③不见而名:名,通"明",明了。

【今译】

不出门户,却能够推知天下的事理;不望窗外,却能够了解自然的法则。越向外奔逐,对道的认识也越少。所以圣人不出行却能感知,不察看却能明晓,无为而能成功。

【章旨】

这一章还是在宣扬老子"无为而无不为"的哲学。按照他的逻辑,不窥牖则知天道,不出户则知天下,如果顺着想下去,必然的结论就是:出户的,反而对天下事懵懵懂懂。这是很有意思的逻辑。

其实,我们对老子的哲学免不了有些误解。老子在这里之所以贬低直观感觉观察的作用,是为了突出对理性认识的重视。较之经验,他更注重内省。他认为,如果一任心智活动向外驰骋,则会使人思虑纷纭,精神涣散。反而不如抑制浮躁,以本明的智慧,虚静的心境,遵循自然的运行规律,去玄览外物。这样,才能洞察幽微,烛照深远,了解事物的本相。

四十八章

～❧ ❧～

为学日益,为道日损①。损之又损,以至于无为。

无为而无不为。取天下常以无事②,及其有事,不
足以取天下。

【注释】

①为学日益,为道日损:这里的"学",是指对仁、义、礼仪等的学习。

②取天下常以无事:取,治理。无事,无扰攘之制,即不惊扰百姓。

【今译】

求学,私欲就会一天比一天增加;求道,私欲就会一天比一天减少。
减少又减少,一直到无为的境地。

如能无为那就没有什么事情做不成的了。治理国家要常清静不扰
攘,要是政务繁苛,就不配治理国家了。

【章旨】

老子在这里首先阐明了"为学"和"为道"是两种截然相反的求索。
"为学"就是探求外物的求索知识的活动,人们获取知识要靠积累,当然
是越多越好,所以说"为学日益"。"为道"是对于道的体会,道是不可
说,不可名的,所以对于道的认识不能通过简单的知识的积累而获得,相
反地,要少私寡欲,所以说"为道日损"。对天道的体认、对精神境界的
追求和对知识的追求不同。我们常常看到,一个知识很丰富的人,他的

精神境界却未必很高。老子所说的圣人，要具备非常丰富的知识，同时又具备对天道的精微体认。在这基础上，他又能超越知识，好像无知无识，像婴孩一样天真淳朴。

四十九章

圣人恒无心^①,以百姓之心为心。

善者吾善之,不善者吾亦善之,德善。

信者吾信之,不信者吾亦信之,德信。

圣人在天下,歙歙焉^②,为天下浑其心^③。百姓皆注其耳目,圣人皆孩之^④。

【注释】

①圣人恒无心:无心,没有私心。

②圣人在天下,歙(xī)歙焉:歙,收敛气息。这里比喻圣人治理天下,要抑制自己的私欲,好像收敛气息一般。

③为天下浑其心:浑,使……浑朴。

④百姓皆注其耳目,圣人皆孩之:孩,以……为孩子,把……当孩子看待。

【今译】

圣人没有私心,以百姓的心为心。

善良的人,我善待他;不善良的人,我也善待他;这样可使人人向善。

守信的人,我信任他;不守信的人,我也信任他;这样可使人人守信。

圣人在位,收敛自己的主观成见与意欲,使人的心思化归于浑朴。百姓都用他们自己的耳目关注,圣人对待他们像对待孩童一般。

【章旨】

这一章老子描绘了自己心目中的圣人——理想的统治者应该具备的"德"。他应该没有自己的私心,而以天下苍生为念。他应该收敛自己的好恶,不以主观去判定是非。理想的统治者,应该以善念去对待一切人,不管对方是善是恶;理想的统治者,应该以诚心去对待一切人,不管对方是否讲究诚信。他就像对待孩童一般对待自己的子民,抛弃一切狡诈机巧。

五十章

　　出生入死^①。生之徒,十有三;死之徒,十有三^②;人之生,动之死地,亦十有三^③。夫何故? 以其生生之厚。

　　盖闻善摄生者,陆行不遇兕虎,入军不被甲兵^④。兕无所投其角,虎无所措其爪,兵无所容其刃。夫何故? 以其无死地。

【注释】

　　①出生入死:人从一出生,就开始向死亡迈近。

　　②生之徒,十有三;死之徒,十有三:生之徒,长寿者。死之徒,短命者。徒,类。

　　③人之生,动之死地,亦十有三:动,任意妄为。

　　④盖闻善摄生者,陆行不遇兕(sì)虎,入军不被甲兵:摄生,养生。兕,指犀牛。被甲兵,被刀枪伤害。

【今译】

　　人从一出生就踏上通向死亡的道路。属于长寿的,占十分之三;属于短命的,占十分之三;人们因过分地奉养生命,妄为而走向死路的,也占了十分之三。为什么呢? 因为奉养太过度了。

　　听说善于养护生命的人,在陆地上行走不会遇到犀牛和老虎,在战争中不会受到杀伤。犀牛用不上它的角，老虎用不上它的爪，兵器用不上它的刃。为什么呢？因为他身上没有可以致死的地方啊。

【章旨】

就像王弼所说的那样：人一出生，就踏上了死亡的道路。其中，有十分之三是属于长寿的，十分之三是属于短命的，还有十分之三是本来可以长寿，但过分地奉养生命，胡作非为，结果也不能长命的。只有十分之一的人，善于保养自己的生命，不管是身处治世还是乱世，都能颐养天年、祛祸得福。

五十一章

〰〰〰

道生之，德畜之，物形之，势成之^①。

是以万物莫不尊道而贵德。道之尊，德之贵，夫莫之命而常自然^②。

故道生之，德畜之，长之育之，亭之毒之，养之覆之^③。生而不有，为而不恃，长而不宰^④，是谓玄德^⑤。

【注释】

①道生之，德畜之，物形之，势成之：畜，通"蓄"，蓄养。

②夫莫之命而常自然：莫，没有谁。命，干扰，命令。自然，顺乎自然。

③亭之毒之，养之覆之：亭，安。毒，定。覆，保护。

④生而不有，为而不恃，长而不宰：长而不宰，使万物生长而不加主宰。

⑤是谓玄德：玄德，最深邃的德。

【今译】

道生成万物，德蓄养万物，万物呈现各种形态，在各自的环境里各自成长。

所以万物没有不尊崇道而珍贵德的。道所以受尊崇，德所以被珍贵，就在于它不加干涉而顺任自然。

所以道生成万物,德蓄养万物,使万物生长发育,使万物安宁心性,使万物得到爱养调护。生长万物却不据为己有,兴作万物却不自恃己能,长养万物却不为主宰,这就是最深的德。

【章旨】

老子认为,万物的形成和发展有四个阶段。万物都由"道"化生,"道"是万物之母,这就是"道生之";万物化生以后,都依靠自己的本性得以维持自身的存在,这就是"德畜之";有了自己的本性,寄托在一定的形体里,才能成为物体,这就是"物形之";事物的变化发展还要受到周围环境的影响和限制,这就是"势成之"。在这四个阶段中,"道"和"德"是基础。

五十二章

天下有始,以为天下母①。既得其母,又知其子;既知其子,复守其母,没身不殆②。

塞其兑,闭其门,终生不勤③。开其兑,济其事,终身不救④。

见小曰明,守柔曰强⑤。用其光,复归其明,无遗身殃,是为袭常⑥。

【注释】

①天下有始,以为天下母:母,根本,指"道"。

②没身不殆:没,通"殁",身死。殆,危险。

③塞其兑,闭其门,终生不勤:兑,窍,指耳目鼻口等。勤,病苦。

④开其兑,济其事,终身不救:济,成功。救,救治。

⑤见小曰明,守柔曰强:见小,观察到细微的东西。

⑥用其光,复归其明,无遗身殃,是为袭常:袭常,因袭不变的常道。

【今译】

天地万物都有本始,作为天地万物的根源。如果得知根源,就能认识万物;如果认识万物,又持守万物的根源,终身都没有危险。

塞住嗜欲的孔窍,闭起嗜欲的门径,终身都没有使人烦劳的事。打开嗜欲的孔窍,增添纷杂的事件,终身都不可救治。

能察见细微的叫作"明",能持守柔弱的叫作"强"。运用智慧的光,返照内在的"明",不给自己带来灾殃,这叫作永续不绝的常道。

【章旨】

老子认为,人最理想的精神境界是返回到婴儿般的天真。但人的一生,总是处在不断的追求中:有的人追求知识,稍有所知,就以智慧骄人,这就不免带来祸患。有的人追求财富,一味聚敛,就以富贵骄人,这也不免带来祸患。在追求的过程中,纷繁的世事不断袭扰人的心灵,使纯净的心灵无法映照自然的本真。这其实是一个不断丧失自我的过程。

所以老子说,人最可贵的是不断内省,反视自然的本真。这样才能与道相始终。

五十三章

使我介然有知①,行于大道,惟施是畏②。

大道甚夷,而人好径③。朝甚除④,田甚芜,仓甚虚,服文彩,带利剑,厌饮食⑤,财货有余,是谓盗夸⑥。非道也哉!

【注释】

①使我介然有知:介然,坚信不疑的样子。

②惟施是畏:这是个倒装句,正常的语序应该是"惟畏施","是"是助词。施,邪路。

③大道甚夷,而人好径:径,不平的小道,与"大道"相对。

④朝甚除:朝,朝堂,朝廷。除,废弛,腐败。

⑤厌饮食:厌,通"餍",饱餐。

⑥是谓盗夸:盗夸,强盗头子。

【今译】

假使我有着坚定的认识,在大道上行走,仍担心走入邪路。

大道很平坦,但是人君却喜欢走斜径。朝政腐败极了,以致农田荒芜,仓库空虚,他们还穿着锦绣的衣服,佩带锋利的宝剑,饱餐精美的饮食,搜刮绰绰有余的财货,他们其实就是些强盗头子。这是违背道的做法呀!

【章旨】

这是老子对当时社会不公平现象的愤怒控诉。他把那些财货有余的人君称为"盗夸",指责他们只顾自己享受,饱食终日,而人民生活却很痛苦,田地荒芜,民不聊生。这种激荡不平之气常常能在本书中感受到,使人觉得:老子也不只是一味鼓吹无为、退让。在社会、人生的苦难面前,作为当时最出色的思想家,他还是发出了愤怒的呐喊。

人生的道路固然崎岖不平,但一旦选择了大道,即使在曲折面前,哲人也能泰然自处。但老子所感慨的"惟施是畏""大道甚夷,而人好径",也是悲天悯人的肺腑之言。

五十四章

善建者不拔,善抱者不脱,子孙祭祀不辍。

修之于身,其德乃真;修之于家,其德乃余;修之于乡,其德乃长;修之于邦^①,其德乃丰;修之于天下,其德乃普^②。

故以身观身,以家观家,以乡观乡,以邦观邦,以天下观天下。吾何以知天下然哉?以此。

【注释】

①修之于邦:邦,指邦国。"邦"字有的版本作"国",盖因在汉代避刘邦的讳,就改成了同义的"国"字。

②其德乃普:普,通"溥",广大。

【今译】

善于树立的不可拔除,善于抱持的不会脱落,如果子孙能遵行这个道理,则世世代代相传不绝。

拿这个道理贯彻到个人,他的德会是真实的;贯彻到一家,他的德可以有余;贯彻到一乡,他的德能受尊崇;贯彻到一国,他的德就会丰盛;贯彻到天下,他的德就会广大无边。

所以要善于从我个人观照其他的个人,从我家观照其他人的家,从我乡观照其他的乡,从我国观照其他的国,从我的天下观照其他的天下。

我怎么知道天下的情况呢？就是用这种道理。

【章旨】

　　"道"在生活中具体的表现就是"德"。在老子看来,有德的人应该善于推己及人。如果一个人把这原则贯彻于己身,那他个人的修养就符合有德者的要求;如果他把这原则贯彻于一国,那他就能统帅一国,他的修养就符合贤君的要求。老子在这里讲的,乃是君人之术。所以《道德经》一书常常被人当作讲"治术"的经典,就是这个原因。

五十五章

含德之厚,比于赤子①。蜂虿虺蛇不螫,猛兽不据,攫鸟不搏②。骨弱筋柔而握固,未知牝牡之合而朘作③,精之至也。终日号而不嗄④,和之至也。

知和曰常,知常曰明,益生曰祥⑤,心使气曰强。物壮则老,谓之不道,不道早已⑥。

【注释】

①含德之厚,比于赤子:赤子,初生的小孩子。

②蜂虿虺蛇不螫,猛兽不据,攫鸟不搏:"据""搏"都是搏击的意思。

③未知牝牡之合而朘(zuī)作:牝牡之合,男女交合。朘,男子的生殖器。

④终日号而不嗄(shà):号,号叫。嗄,嘶哑。

⑤益生曰祥:祥,古代社会灾异和吉利都统称祥。这里指灾异。

⑥不道早已:已,死亡。

【今译】

含德深厚的人,比得上初生的婴儿。蜂蝎毒蛇不咬伤他,猛兽不搏击他,凶鸟也不搏击他。他筋骨柔弱拳头却握得很牢固,他还不知道男女交合之事但生殖器却时常勃起,这是精气充足的缘故。他整天号哭,但是他的喉咙却不会嘶哑,这是元气醇和的缘故。

认识醇和的道理叫作"常",认识常叫作"明",贪生纵欲就会有灾殃,心放任气的发泄就是逞强。过分地强壮就趋于衰老,这叫作不合于道,不合于道很快就会死亡。

【章旨】

这一章是老子人生哲学里很著名的说法,他把含德深厚的人比作"赤子",他们精神充实饱满、心灵纯净和谐,能返回到婴儿般的纯真柔和。不失赤子之心,说明活泼、充满生命力。这是老子"弱者道之用"在人生哲学里的具体表现。《道德经》一书其他的章节里还有类似的说法,比如二十八章里说:"常德不离,复归于婴儿。"他的这种说法在庄子那里得到了进一步阐释,我们在《庄子》一书里常常可以看到对这种人生哲学更精彩、细致、生动的说明。

五十六章

知者不言，言者不知①。

塞其兑②，闭其门，挫其锐，解其纷，和其光，同其尘③，是谓玄同④。故不可得而亲，亦不可得而疏；不可得而利，亦不可得而害；不可得而贵，亦不可得而贱。故为天下贵。

【注释】

①知者不言，言者不知：知，通"智"。"知者"就是"智者"。

②塞其兑：兑，窍，指眼、耳、鼻、口等。

③和其光，同其尘：和光同尘是老子那时比较流行的说法，意思是锋芒不要太锐利，不要表现得落落不群，要处处收敛。

④是谓玄同：玄同，玄妙齐同的境界。

【今译】

有智慧的人是不多言的，多话的就不是智者。

塞住嗜欲的孔窍，闭起嗜欲的门径，不露锋芒，消解纷扰，含敛光耀，混同尘世，这就是玄妙齐同的境界。这样就没有人可以亲近，也没有人可以疏远；没有人可以给予利益，也没有人可以加以损害；没有人可以使他尊贵，也没有人可以使他卑贱。所以为天下所尊贵。

【章旨】

老子所说的"玄同"，是通过塞兑、闭门、挫锐、解纷、和光、同尘，以至消除自我的锢蔽,泯灭彼此的封疆,超越世俗褊狭的伦常,达到无所偏执的理想境界。

老子所说的"知者不言,言者不知",是很有意思的。白居易写过一首诗,来开老子的玩笑:"言者不知知者默,此语吾闻于老君。若道老君是知者,缘何自著五千文?"(《读老子》)其实,人必须先说很多话才能保持缄默。对知识持否定态度的人,大多数是很有知识的人。在否定知识以前,还是先让自己尽量多地掌握知识吧!

五十七章

以正治国,以奇用兵,以无事取天下①。吾何以知其然哉?

以此:天下多忌讳②,而民弥贫;人多利器,国家滋昏;人多伎巧,奇物滋起③;法令滋彰,盗贼多有④。

故圣人云:"我无为,而民自化;我好静,而民自正;我无事,而民自富;我无欲,而民自朴。"

【注释】

①以正治国,以奇用兵,以无事取天下:正,指清静之道。奇,指权诈之术。

②天下多忌讳:忌讳,指禁令。

③人多伎巧,奇物滋起:伎巧,即技巧。

④法令滋彰,盗贼多有:彰,详细明白。

【今译】

以清静之道治国,以诡奇之法用兵,以不搅扰人民来治理天下。何以知此呢?

从下面这些事上可以看出:天下的禁忌越多,人民越陷于贫困;人间的利器越多,国家越陷于昏乱;人们掌握的技巧越多,邪恶的事情就连连发生;法令越森严,盗贼反而不断地增加。

所以有道的人说："我无为，人民就自我化育；我好静，人民就自然走正道；我不多事搅扰，人民就自然富足；我没有私欲，人民就自然朴实。"

【章旨】

这是老子对无为政治的社会的构想。老子把自然界清静无为的发展法则运用到人类社会的发展上来，认为人类社会应该和自然界一样，也应该任之以无为，使其各自顺乎自然赋予的本性，得到自由发展。

老子对工艺技巧持反对态度。他认为工艺技巧专恃人为制作，而不是"以辅万物之自然而不敢为"。这和他一以贯之的自然无为思想是背道而驰的。他把社会混乱的根源部分地归咎于工艺技巧，认为"人多利器，国家滋昏；人多伎巧，奇物滋起"，"绝巧弃利，盗贼无有"，"不贵难得之货，使民不为盗"。这是道家经济思想的局限。

五十八章

◆━━━━◆◇◇◇◆━━━━◆

其政闷闷,其民淳淳[①];其政察察,其民缺缺[②]。

祸兮,福之所倚;福兮,祸之所伏。孰知其极?其无正[③]。正复为奇,善复为妖[④]。人之迷,其日固久。

是以圣人方而不割,廉而不刿,直而不肆,光而不曜[⑤]。

【注释】

①其政闷闷,其民淳淳:闷闷,昏昏昧昧的样子。淳淳,淳朴。

②其政察察,其民缺缺:察察,严苛的样子。缺缺,狡诈的样子。

③其无正:正,定,定理。

④正复为奇,善复为妖:奇,和"正"相对,意思是邪。妖,和"善"相对,意思是恶。

⑤是以圣人方而不割,廉而不刿(guì),直而不肆,光而不曜:割,割伤。廉,锐利。刿:刺伤。肆,放肆。曜,耀眼。

【今译】

政治宽厚,人民就纯朴;政治严苛,人民就狡黠。

灾祸啊,幸福倚傍在它里面;幸福啊,灾祸藏伏在它之中。谁知道它们变化的究竟?它们并没有一个定理!正忽而转变为邪,善忽而转变为恶。人们的迷惑,已经有长久的时日了。

因而有道的人品行方正而不割伤人,观点尖锐而不刺伤人,他们性格直率而不放肆,光辉赫赫而不耀眼。

【章旨】

"其政闷闷"是指清静无为的政治,"其政察察"是指繁苛有为的政治。老子崇尚无为之治,期望人民能享受幸福安静的生活,能过自然安定的日子。他的人生哲学的出发点可能有消极的因素,但他有关心社会民生的大抱负,在这一点上,他表现得"有情",而不是处于漠然的边缘境地。

"祸兮,福之所倚;福兮,祸之所伏。"这恐怕是最为人们熟悉的老子的名言之一了。它寓含着朴素的辩证法思想,也是"反者道之动"的具体说明。

五十九章

治人、事天,莫若啬①。

夫惟啬,是以早服②;早服谓之重积德;重积德则无不克;无不克则莫知其极;莫知其极,可以有国;有国之母,可以长久③。是谓深根、固柢,长生、久视之道④。

【注释】

①治人、事天,莫若啬:啬,本意是吝惜。这里是说养精蓄锐。

②夫惟啬,是以早服:服,通“复”,返回。早服,早返于道。

③有国之母,可以长久:母,母体,根本。

④是谓深根、固柢,长生、久视之道:深根、固柢,犹如现在常说的“根深蒂固”。长生、久视,犹如说长生不老。

【今译】

治理国家、养护身心,没有比养精蓄锐更重要的。

养精蓄锐,才能早返于大道;早返于大道就是不断地积德;不断地积德就攻无不克;攻无不克,就没有人知道他的极限;没有人知道他的极限,就可以保有国家;掌握了保有国家的根本之道,就可以长治久安。这就是根深蒂固、长生久存的道理。

【章旨】

老子哲学注重人的内在精神的保养,他在这里提出的“啬”的观念,也是更加重视精神上的,而非仅仅是物质上的节俭。在他看来,只有摒弃对物欲的追求、对名利的追求,爱惜涵养自己的精神,人才能尽早地体认大道。体认大道的过程就是积累德的过程,这个过程是通过不断摒弃一己的私欲而逐步完成的。所以,老子的"啬",是对人内在生命力的充实。

六十章

治大国,若烹小鲜①。

以道莅天下,其鬼不神②;非其鬼不神,其神不伤人;非其神不伤人,圣人亦不伤人。夫两不相伤,故德交归焉③。

【注释】

①治大国若烹小鲜:小鲜,小鱼。

②以道莅天下,其鬼不神:莅,君临,统治。神,兴妖作怪之谓。

③夫两不相伤,故德交归焉:交归,交相融合。

【今译】

治理大国,好像煎小鱼。

用道治理天下,鬼神起不了作用;不但鬼神起不了作用,它们的奇性异能也不侵越人;不但它们的奇性异能不侵越人,圣人也不侵越人。鬼神和有道者都不侵越人,所以他们的功德就交相融合起来了。

【章旨】

把治理国家比喻成厨子烧菜,老子的"治大国,若烹小鲜"算得上恰当不过的说法了。烹煎小鱼还真得小心翼翼,需要高明的烹饪技巧,否则,要么不熟,要么煎糊。这使我们想起裴多菲的诗句:"匈牙利,你是个蹩脚的厨师! 你把一半煎糊了,另外一半还不熟!"是诗人读过《道德经》袭其故智呢,还是哲人和诗人的思想偶合在一起?

六十一章

———✦◦✦———

大国者下流①,天下之交,天下之牝也②。牝常以
静胜牡,以静为下③。

故大国以下小国,则取小国④;小国以下大国,则取
大国。或下以取,或下而取⑤。大国不过欲兼畜人,小
国不过欲入事人⑥。夫两者各得其所欲,大者宜为下。

【注释】

①大国者下流:下流,居于江河的下游。

②天下之交,天下之牝也:交,交汇的地方。牝,阴性,指雌柔的
东西。

③牝常以静胜牡,以静为下:牡,阳性,指雄强的东西。

④故大国以下小国,则取小国:取,通“聚”,聚合。

⑤或下以取,或下而取:这句的意思是说,大国谦下,就能取得小国;
小国谦下,就能被大国取得。大概那时候小国都希望与大国结盟,从而
取得大国的保护。故老子说,谦下无论对大国还是小国都是好事。

⑥大国不过欲兼畜人,小国不过欲入事人:兼畜,兼并蓄养。畜,通
“蓄”。入事,被兼并,侍奉。

【今译】

大国仿佛居于江河的下流,是天下交汇的地方,处于天下雌柔的位

置。雌柔常以静定而胜过雄强,是因为静定而又能处下的缘故。

所以大国对小国谦下,可以会聚小国;小国对大国谦下,就可以见容于大国。所以大国谦下以会聚小国,小国谦下而见容于大国。大国不过要聚养人,小国不过要侍奉人。这样大国小国都可以达到愿望,大国尤其应该谦下。

【章旨】

老子有感于当时诸侯之间以武力相征服的不义战争,为了一己的私利而陷民于水火,以大欺小,以强凌弱。他认为在处理国与国之间的关系时,应该互相谦让,而大国尤其应该谦让小国。这样,无论大国还是小国,都能得遂所愿。因为大国经常倚仗自己强大的军事力量炫耀武力,那么在双边关系或多边关系中,大国保持谦下的态度,就更可贵了。这是老子崇尚谦退的哲学观在国际关系中必然的推衍。

六十二章

道者万物之奥^①。善人之宝,不善人之所保。

美言可以市尊,美行可以加人^②。人之不善,何弃之有？故立天子,置三公^③,虽有拱璧,以先驷马,不如坐进此道^④。

古之所以贵此道者何？不曰:求以得,有罪以免邪？故为天下贵。

【注释】

①道者万物之奥:奥,藏,庇荫。

②美言可以市尊,美行可以加人:市尊,博取尊敬。加,超越。

③故立天子,置三公:三公,指太师、太傅、太保。

④虽有拱璧,以先驷马,不如坐进此道:拱璧,大块宝玉。驷马,四匹马驾的车。春秋时候,在正式送礼的场合,先送上比较轻的礼物,然后再送上重礼。这里说的就是这种正式送礼的程序:先送上"拱璧",再送上"驷马"。

【今译】

道是万物的庇荫。善人珍贵它,不善的人也要处处保住它。

美好的言辞可以博取尊敬,可贵的行为可以被人重视。不善的人,怎能把道舍弃呢？所以立天子,设置三公,即使进奉拱璧在先、驷马在后的礼仪,还不如用道来作为献礼。

　　古时候重视道的原因是什么呢?不是说有求的就可以得到,有罪的就可以免除吗?所以道被天下人所珍视。

【章旨】

　　这一章所说的道,还是清静无为之道。天子、三公有拱璧、驷马,却远不如心有无为自念为贵。善人化于道,则求善得善;恶人化于道,则免于罪责。"美言可以市尊,美行可以加人",与清静无为的"道"相比,它们能够给予人们的益处,是微不足道的。

六十三章

为无为,事无事,味无味①。

大小多少,报怨以德②。图难于其易,为大于其
细③。天下难事,必作于易;天下大事,必作于细。是以
圣人终不为大,故能成其大。

夫轻诺必寡信④,多易必多难。是以圣人犹难之,
故终无难矣。

【注释】

①为无为,事无事,味无味:这三句中的第一个字都是动词,第三个
字都是名词。

②大小多少,报怨以德:大小,把小的看作是大的。多少,把少的看
作是多的。

③图难于其易,为大于其细:图,计划。这两句是说:计划做大事的
要从小事做起,克服困难要从易事做起。

④夫轻诺必寡信:轻易地去承诺,往往不能兑现,所以就成了寡信
之人。

【今译】

以无为的态度去作为,以不搅扰的方式去做事,把恬淡无味当作
至味。

大其小,多其少,以德报怨。克服困难要从容易的入手,实现远大目标要从细微的小事入手。天下的难事,必定从容易的做起;天下的大事,必定从细微的做起。所以有道的人始终不自以为大,因此能成就大的事情。

轻易允诺的一定会失信,把事情看得太容易一定会遭遇更多的困难。所以圣人总把事情看得艰难,因此终究没有困难。

【章旨】

老子的人生哲学里,有很朴素的一面。他常常直面人生中的许多现实问题,加以哲理的阐发。人往往不甘于平庸,想成就大事。但这样的人也往往好高骛远,不愿意做细致扎实的基础工作。老子在这里总结出"图难于其易,为大于其细。天下难事,必作于易;天下大事,必作于细"的规律,认为这是圣人能够成其大的关键。

以无所作为的态度去有所作为,以无所事事的方式去成就大事,从恬淡无味中品味至味。这些看起来有诡辩意味的话,品味起来,却蕴含着人生的真理。

六十四章

～～～～～～～～～～～

其安易持,其未兆易谋,其脆易泮,其微易散。为之于未有,治之于未乱。

合抱之木,生于毫末①;九层之台,起于累土②;千里之行,始于足下。

为者败之,执者失之。是以圣人无为故无败,无执故无失。

民之从事,常于几成而败之③。慎终如始,则无败事。

是以圣人欲不欲④,不贵难得之货;学不学,复众人之所过,以辅万物之自然而不敢为。

【注释】

①合抱之木,生于毫末:毫末,细微的萌芽。

②九层之台,起于累土:累土,一筐土。

③民之从事,常于几成而败之:几成,快要成功了。

④是以圣人欲不欲:欲不欲,追求那些人们不追求的东西。

【今译】

局面安稳时容易把持,事变没有显现迹象时容易图谋,事物脆弱时容易破开,事物微细时容易发散。要在事情没有发生以前早做准备,要在祸乱没有产生以前就处理妥当。

合抱的大树,是从微小的萌芽生长起来的;九层的高台,是从一筐筐泥土建筑起来的;千里的远行,是从脚下一步步走出来的。

强作妄为就会败事,执意把持就会失去。所以圣人行"无为"就不会败事,不把持就不会丧失。

一般人做事,常在快要成功时遭致失败。审慎面对事情的终结,一如开始时那样慎重,那就不会失败。

所以圣人追求人所不追求的,不看重难得的货物;学人所不学的,补救众人的过错,以辅助万物的自然变化而不加以干预。

【章旨】

这一章和上一章所说内容联系紧密。上章说到"图难于其易,为大于其细。天下难事,必作于易;天下大事,必作于细"的道理,揭示凡事成功就要从小事做起的道理。这里讲积累的重要性,所谓"合抱之木,生于毫末;九层之台,起于累土;千里之行,始于足下",要想成就大事业,必须从基础做起。

老子在这里还讲到慎终如始的重要性。所谓"行百里者半九十",人们往往在事情快要成功时不能坚持。持之以恒、锱铢积累,乃是古今成就大事者必须具备的品质。

六十五章

古之善为道者,非以明民,将以愚之^①。

民之难治,以其智多。故以智治国,国之贼^②;不以智治国,国之福。

知此两者亦楷式^③。常知楷式,是谓玄德^④。玄德深矣远矣,与物反矣,然后乃至大顺。

【注释】

①古之善为道者,非以明民,将以愚之:明,明了智巧欺诈的事。愚,保持朴质自然的状态。

②故以智治国,国之贼:贼,灾难。

③知此两者亦楷式:楷式,法则,法式。

④常知楷式,是谓玄德:玄德,玄妙的功德。

【今译】

古时善于行道的人,不是教人民巧诈,而是使人民淳朴。

人民所以难治,乃是因为他们有太多的智巧心机。所以用智巧去治理国家,是国家的灾祸;不用智巧去治理国家,是国家的福祉。

认识这两种差别,就是治国的法则。常守住这个法则,就是"玄德"。"玄德"好深远啊,和事物复归到真朴,然后才能达到最大的和顺。

【章旨】

这是老子思想中经常为人误解的地方。"古之善为道者,非以明民,将以愚之"，这容易使人想起孔子的"民可使由之，不可使知之"。所以有的论者把它看作是老子的愚民理论。其实，这是对老子所说的"愚"的误解。老子所谓的"愚"，是纯真质朴的意思，人只有各自保持自己天生的素朴纯真，不运用机巧阴谋，人和人之间不再勾心斗角，整个社会才会安定。老子所反对的，是人人都逞一己的私智，在争斗中丧失了天性，从而使整个社会陷入为私利而争斗的旋涡，不能自已。

六十六章

江海所以能为百谷王者①,以其善下之,故能为百谷王。

是以②圣人之在民前也,以身后之;其在民上也,以言下之。是以圣人处上而民不重③,处前而民不害。是以天下乐推而不厌④。以其不争,故天下莫与之争。

【注释】

①江海所以能为百谷王者:王是天下所归,江海乃百谷所归,所以老子这样来比拟。

②是以:按:王弼本"是以"二字后为"欲上民,必以言下之;欲先民,必以身后之",而楚墓竹简本则为"圣人之在民前也,以身后之;其在民上也,以言下之",于义为胜,今据改。

③是以圣人处上而民不重:重,因负重而感到累赘。

④是以天下乐推而不厌:乐推,乐于推戴。厌,厌烦。

【今译】

江海所以能成为许多河流所汇往的地方,因为它善于处在低下的地位,所以能成为许多河流所汇往的地方。

所以圣人处于众人前列时,必定自居谦退;居于上位时,必定言辞卑下。所以圣人居于上位而人民不感到负累,居于前面而人民不感到受害。所以天下人民乐于推戴而不厌弃他。因为他不跟人争,所以天下没有人能和他争。

【章旨】

这是老子所讲的"南面君人之术",也就是做君王必须遵守的要道。君王作为万民领袖,他应该谦退包容,这样才能得到百姓的爱戴归依,正如百川入海。他应该把百姓的利益放在首位,而不应当只顾一己私利。这样的君王,从来不会以君王的威势来吓唬百姓,但是百姓却发自真心地拥戴他,因为他谦退、包容、无私、爱民、乐群,所以他会无敌于天下,从而达到"以其不争,故天下莫与之争"的境界。

六十七章

❧⟡❧

天下皆谓我道大,似不肖^①。夫惟大,故似不肖。若肖,久矣其细也夫^②!

我有三宝,持而保之:一曰慈,二曰俭,三曰不敢为天下先。

慈,故能勇;俭,故能广;不敢为天下先,故能为成器长^③。

今舍慈且勇^④,舍俭且广,舍后且先,死矣^⑤。

夫慈,以战则胜,以守则固。天将救之,以慈卫之。

【注释】

①天下皆谓我道大,似不肖:肖,相似。

②若肖,久矣其细也夫:细,细小,渺小。

③故能为成器长:成,盛大。成器,就是大器。

④今舍慈且勇:且,而,表示转折关系。

⑤死矣:死,陷入死路。

【今译】

天下人都称我这道伟大,不像任何一样具体的东西。正因为伟大,所以才不像任何一样具体的东西。如果它像任何一样具体的东西,那早就渺小了。

我有三种宝贝,持守而珍视着:第一种叫作慈爱,第二种叫作俭啬,第三种叫作不敢为天下先。

正因为慈爱才能勇武;正因为俭啬才能厚广;正因为不敢居天下先,所以能成为万物的首长。

现在舍弃慈爱而求取勇武,舍弃俭啬而求取宽广,舍弃退让而求取争先,是走向死路!

慈爱,用来征战就能胜利,用来守卫就能巩固。天要救助谁,就用慈爱来卫护他。

【章旨】

老子在这一章里,用拟人化的手法,对"道"某些方面的内涵进行了描述。文中的"我",是"道"的自称。世俗的看法,一般是贵勇敢、尚广大、夸进取,而老子偏偏走向了反面,他的"三宝",乃是慈忍、俭约、谦退。表面看来,老子的哲学与世俗的常识是背道而驰的。其实,老子只是用这反常识的说法来强调达到勇敢、广大、进取的方法。在老子看来,只有慈忍才能勇敢,只有俭约才能广大,只有谦退才能进取。只有时时采取不敢为天下先的态度,才能真正处处居于天下先。这也是"弱者道之用"思想的具体表述。

六十八章

　　善为士者不武①,善战者不怒,善胜敌者不与,善用人者为之下②。是谓不争之德,是谓用人之力,是谓配天,古之极③。

【注释】

　　①善为士者不武:为士者,统帅士兵的人。不武,不崇尚武力。

　　②善用人者为之下:为之下,采取谦虚的态度。

　　③是谓配天,古之极:极,最高准则。

【今译】

　　善于统帅士卒的不崇尚勇武,善于作战的不轻易被激怒,善于胜敌的不与敌人正面冲突,善于用人的对人谦下。这叫作不争的品德,这叫作善于用人,这叫作合于天道,这是自古以来的最高准则。

【章旨】

　　老子要求人们不要好斗逞强、不要炫耀武力,而应该保持谦下的德行。这是他"弱者道之用"的哲学在战争领域的运用。他的这种思想,对后来的兵家产生了很人的影响。

六十九章

〰〰❧ ❧〰〰

用兵有言:"吾不敢为主而为客[1],不敢进寸而退尺。"是谓行无行[2],攘无臂[3],执无兵[4],乃无敌矣[5]。

祸莫大于轻敌,轻敌几丧吾宝。

故抗兵相若,则哀者胜[6]。

【注释】

①吾不敢为主而为客:为主,采取主动的攻势。为客,采取被动的守势。

②行无行:第一个"行"是动词,行进。第二个"行"是名词,行列。

③攘无臂:攘,奋臂。

④执无兵:兵,兵器。

⑤乃无敌矣:乃,传世本或作"仍",通"扔",摧毁。

⑥故抗兵相若,则哀者胜:抗兵,举兵。哀者,退让的人。

【今译】

用兵者说:"我不敢主动进攻,而是去防守;不敢前进一寸,而要后退一尺。"这就是说:虽然在行进,却仿佛没有行列可摆;虽然要奋臂,却仿佛没有臂膀可举;虽然有兵器,却像没有兵器可持。这就无敌于天下了。

没有再比轻敌更大的祸患了,轻敌几乎丧失了我的法宝。

所以两军实力相当的时候,主动退让的一方可获得胜利。

【章旨】

　　老子在战争哲学里,贯彻他的以柔弱克制刚强的策略。他主张不要主动挑起战争,即使战争无法避免,在战事中也要采取守势。一个邦国要具备克敌制胜的能力,但不要主动挑衅。在战争中不要轻敌,因为轻敌是与谦退无争的态度相悖的。老子是反对战争的,所以他认为,那些好战分子容易因为轻敌而丧师,而为战争主动退让的人,却常常取得战争的胜利。

七十章

吾言甚易知,甚易行。而人莫之能知,莫之能行。
言有宗,事有君①。夫惟无知,是以不我知②。
知我者希,则我者贵。是以圣人被褐而怀玉③。

【注释】

①言有宗,事有君:宗,宗旨。君,主脑。

②是以不我知:"不我知"就是"不知我"。

③是以圣人被褐而怀玉:被褐而怀玉,身穿粗布衣服而怀揣美玉,比喻外表憔悴肮脏而心灵美善。被,通"披"。褐,平民所穿的粗布衣服。

【今译】

我的话很容易了解,很容易实行。大家却不能明白,不能实行。

言论有主旨,行事有根据。只因人们不了解这个道理,所以不了解我。

了解我的人很少,效法我的就更难得了。因而有道的圣人总是穿着粗布衣而怀揣美玉。

【章旨】

真理性的认识往往不被大众接受,这并不是因为真理深奥难明。正如老子所说,真理很容易了解,很容易实行。但大众为一己的私欲迷惑,即使真理距离自己一步之遥,世人也往往视而不见,置若罔闻。这是老子深深感到悲哀的。圣人揭示的真理为世人忽略,所以他们常常披褐怀玉,美志不伸。

七十一章

知不知,尚矣①;不知知,病也②。夫惟病病,是以不病。圣人不病,以其病病③,是以不病。

【注释】

①知不知,尚矣:知不知,知道自己有所不知道。

②不知知,病也:不知知,不知道却自以为知道。

③圣人不病,以其病病:病病,把病当作病。第一个"病"是动词,意思是"把……当作病"。第二个"病"是名词。

【今译】

知道自己有所不知,这是最好的;不知道却自以为知道,这就是弊病。只有厌恶这种弊病,才能不犯这种弊病。有道的人没有缺点,因为他把缺点当作缺点,所以他是没有缺点的。

【章旨】

古今中外的哲人莫不以"自知"为人的明智之处。孔子说:"知之为知之,不知为不知,是知也。"西方哲学家苏格拉底也说:"知道自己不知道。"可谓同出一辙。

很多人以为老子反对知识,其实,他本身就是那个时代最有知识的人,对知识的追求非常努力。他反对那些不懂装懂,没有自知之明的人,是对知识的肯定。

七十二章

民不畏威,则大威至①。

无狎其所居,无厌其所生②。夫惟不厌,是以不厌③。

是以圣人自知不自见④,自爱不自贵。故去彼取此⑤。

【注释】

①民不畏威,则大威至:第一个"威"作威压讲。第二个"威"指可怕的事,作祸乱讲。

②无狎其所居,无厌其所生:狎,通"狭",狭窄。厌,压榨。

③夫唯不厌,是以不厌:只有不压榨人民,人民才不厌恶(统治者)。

④是以圣人自知不自见:见,同"现",表现。不自见,不自我表扬。

⑤故去彼取此:去彼取此,指舍去"自见""自贵"而取"自知""自爱"。

【今译】

人民不畏惧统治者的威压,那么更大的祸乱就要发生了。

不要促迫人民不得安居,不要压榨人民的生活。只有不压榨人民,人民才不厌恶统治者。

因此,有道的人但求自知而不自我表扬,但求自爱而不自以为高贵。

所以应该舍去后者而取前者。

【章旨】

老子正告统治者,对待人民要宽厚,如果一味依仗严酷的手段,倒行逆施,就必定会引起人民的反感和愤怒,从而招来人民的抗争,统治者的末日就会来到。在老子看来,理想的统治者应该顺乎天道,顺乎民意,从不对老百姓要威风。

七十三章

勇于敢,则杀;勇于不敢,则活。此两者,或利或害①。天之所恶,孰知其故②?

天之道,不争而善胜,不言而善应,不召而自来,繟然而善谋③。天网恢恢,疏而不失④。

【注释】

①勇于敢,则杀;勇于不敢,则活。此两者,或利或害:敢,果敢,刚强。杀,死。不敢,柔弱。活,保身,保命。此两者,指勇于敢者、勇于不敢者。

②天之所恶,孰知其故:所恶,所讨厌的东西。故,缘故。

③天之道,不争而善胜,不言而善应,不召而自来,繟(chǎn)然而善谋:天之道,自然的规律。繟然,坦然,安然,宽缓。

④天网恢恢,疏而不失:恢恢,宽大,广大。失,漏失。

【今译】

勇于敢字当头,必招杀身之祸;勇于谨慎从事,就会处处平安。这两种勇的结果,有的得利,有的遭害。天道所厌恶的,谁知道是什么缘故?

自然的规律,是不争夺而善于得胜,不说话而善于回应,不召唤而自动来到,坦然而善于筹策。自然的范围广大无边,稀疏而不会有丁点遗漏。

　　这一章讲柔弱胜刚强的道理。人如果一味地逞一己的刚强勇敢,就很少有所顾忌,这样就容易丧命辱身。相反地,一个人要是凡事三思而后行,不逞一己之私智,不意气用事,那么就会在乱世中保全自己。

七十四章

民不畏死,奈何以死惧之? 若使民常畏死,而为奇者,吾得执而杀之^①,孰敢?

常有司杀者杀,夫代司杀者杀,是代大匠斫^②。夫代大匠斫者,希有不伤其手矣。

【注释】

①若使民常畏死,而为奇者,吾得执而杀之:为奇,指为邪作恶的行为。奇,奇诡。

②常有司杀者杀,夫代司杀者杀,是代大匠斫:司杀者,专管杀人的,这里指天道。斫,砍,削。大匠,技艺高超的木匠,这里比喻自然规律。

【今译】

人民不畏惧死亡,为什么用死亡来恐吓他们呢? 如果使人民真的畏惧死亡,对于为邪作恶的人,我们就可以把他抓来杀掉,谁还敢为非作歹?

经常有专管杀人的人去执行杀人的任务,那代替专管杀人的人去执行杀人的任务,就如同代替木匠去砍木头一样。那些代替木匠砍木头的人,很少有不砍伤自己的手的。

【章旨】

统治者常常用暴力统治迫使人民屈服,生命就常常在这暴力征服的

142

过程中丧失。老子沉痛地对这些暴君进行了谴责,发出了愤怒的呼声:"民不畏死,奈何以死惧之?"并对他们进行警告,警告他们如果仍旧一意孤行,任意杀戮,那么统治者自己的灾难就会来临:"夫代大匠斫者,希有不伤其手矣。"

老子在这里所说的"司杀者",是指自然规律。人生老病死,都是有一定的规律可循的。他进一步把自然规律比拟为"大匠",掌管人间的杀伐。

七十五章

民之饥,以其上食税之多,是以饥①。
民之难治,以其上之有为,是以难治②。
民之轻死,以其上求生之厚,是以轻死③。
夫惟无以生为者,是贤于贵生④。

【注释】

①民之饥,以其上食税之多,是以饥:上,指统治者。

②民之难治,以其上之有为,是以难治:有为,政令烦苛,强作妄为。

③民之轻死,以其上求生之厚,是以轻死:以其上求生之厚,由于统治者奉养奢厚。

④夫惟无以生为者,是贤于贵生:无以生为,不把厚生奢侈作为追求的目标,即是不贵生,无为于生。贤,胜。贵生,厚养生命。

【今译】

人民所以饥饿,就是由于统治者吞吃税赋太多,因此才陷于饥饿。

人民所以难治,就是由于统治者强作妄为,因此才难以管治。

人民所以轻死,就是由于统治者自奉奢厚,因此才轻于犯死。

只有清静恬淡的人,才胜于自奉奢厚的人。

【章旨】

这是老子对统治者的暴政提出的愤怒的抗议。统治者的横征暴敛,造成了百姓的极端贫困,所以百姓轻于犯险。统治者穷奢极欲,厚自奉养,从而造成物力的贫乏。统治者又把这种贫困转嫁到百姓身上,百姓一无所有,所以他们轻于犯死。

七十六章

人之生也柔弱,其死也坚强①。
草木之生也柔脆,其死也枯槁②。
故坚强者死之徒,柔弱者生之徒③。
是以兵强则灭,木强则折。
故坚强处下,柔弱处上。

【注释】

①人之生也柔弱,其死也坚强:柔弱,指人体的柔软。坚强,指人体的僵硬。

②草木之生也柔脆,其死也枯槁:柔脆,指草木形质的柔软。枯槁,形容草木的干枯。

③故坚强者死之徒,柔弱者生之徒:徒,古通"途"。

【今译】

人活着的时候身体是柔软的,死了的时候就变成僵硬的了。

草木生长的时候是柔脆的,死了的时候就变成干枯的了。

所以坚强是死亡的途径,柔弱是生存的途径。

因此用兵逞强就会走向灭亡,树木强大就会遭到砍伐。

所以凡是强大的,反而居于下降趋势;凡是柔弱的,反而居于上升趋势。

【章旨】

老子哲学贵柔而戒刚。他从自然界的生长死灭中发现:柔弱的东西常常充满生机,在发展变化中具有使人乐观的前景。而刚硬的东西则常常容易折断,容易丧失生机。刚硬的东西显露突出,当祸患来临时,它们就首当其冲。而柔弱的东西不容易招致祸患,即使灾难来临,也常常因为自身柔弱,从而得到保全。所以老子说:"坚强者死之徒,柔弱者生之徒。"

七十七章

天之道,其犹张弓与[1]?高者抑之,下者举之;有余者损之,不足者补之。

天之道,损有余而补不足;人之道则不然,损不足以奉有余[2]。

孰能以有余奉天下?惟有道者。

是以圣人为而不恃,功成而不处,其不欲见贤[3]。

【注释】

①天之道,其犹张弓与:张弓,给弓上弦。

②人之道则不然,损不足以奉有余:人之道,指社会的一般律则。不然,不是这样。然,代词,这样。

③是以圣人为而不恃,功成而不处,其不欲见贤:不恃,不自恃其能。成,完成,告成。不处,不居其功。见,通"现",表现。

【今译】

自然的规律,大概就跟张弓上弦的情形一样吧!弦位高了就把它压低,弦位低了就把它升高;有余的加以减少,不足的加以补充。

自然的规律,减少有余,用来补充不足;人世的规矩,就不是这样,而是要剥夺不足,用来供奉有余的人。

谁能够把有余的拿来供给天下不足的?这只有有道的人才能做到。

因此有道的人作育万物而不自恃己能,有所成就而不以功自居,他不愿表现自己的贤能。

【章旨】

　　这一章还是讲治理国家的办法。老子一般的逻辑顺序是先讲天道,然后由天道推及人道,最后由人道推及治道。在他看来,人道应该仿效天道,既然天道是损有余而补不足,那么人君的治道也应该平均天下的财富。但事实上,却恰恰与天道相反,是损不足而补有余。老子在这里借单纯的逻辑关系讽刺了不公正的社会现象。这是原始的均贫富思想,在中国封建社会几千年的历史中,它始终闪烁着耀眼的光芒。

七十八章

天下柔弱莫过于水,而攻坚强者莫之能胜,以其无以易之^①。

弱之胜强,柔之胜刚,天下莫不知,莫能行。

是以圣人云:"受国之垢,是谓社稷主^②;受国不祥,是为天下王^③。"正言若反^④。

【注释】

①天下柔弱莫过于水,而攻坚强者莫之能胜,以其无以易之:以其无以易之,没有什么可以代替它。无以,没有什么。易,代替。

②受国之垢,是谓社稷主:受国之垢,承担全国的屈辱。垢,屈辱。社稷,国家。社是土神,稷是谷神,由于历代王朝建立时都要立社稷而祭祀神灵,因此社稷也就成了国家的代称。

③受国不祥,是为天下王:受国不祥,承担全国的祸难。

④正言若反:正道之言好像反话一样。

【今译】

世间没有什么比水更柔弱,而冲击坚强的东西,却没有什么能胜过它,也没有什么能代替它。

弱胜过强,柔胜过刚,天下没有人不知道,但是没有人能实行。

因此有道的人说:"承担全国的屈辱,才配称国家的君主;承担全国

150

的祸难,才配做天下的君王。"正道说出来就好像是反说的一样。

【章旨】

老子贵柔崇虚,所以至柔的水在他的思想世界里反而成了至坚。我们平常说水滴石穿,往往是在赞颂人的恒心。其实,水不但能穿石,还能冲垮一切,真是无坚不摧,无物不入。老子从日常生活中得到经验,得出柔弱胜刚强的道理。

老子之所以推崇水,还因为水居于天下低洼的地方。它含污纳垢,无所不容。老子认为,只有敢于承担全国的屈辱,才能成为社稷的君主。他把水的品性与君王的德性平列,这思路还是由天道推演到治道。

七十九章

和大怨,必有余怨,安可以为善①。

是以圣人执左契而不责于人②。有德司契,无德司彻③。

天道无亲,常与善人。

【注释】

①安可以为善:安,怎么。

②是以圣人执左契而不责于人:左契,收债的凭据。古代借债时,在木板或竹板上写清借债的内容,然后一分为二,债权人保存左边的一半,负债人保存右边的一半。左契,即左边的一半,是讨债的凭据。责,索取偿还,即债权人以收执左契向负债人索取所欠的东西。这句话的意思是说圣人即使居于很有利的地位,也不为难别人,这样就根本不会与人结怨了。

③有德司契,无德司彻:司彻,掌管税收。彻,周代的税法。

【今译】

调解深重的怨恨,必然还有余留的怨恨,这怎么可以算是尽善尽美的办法呢?

因此圣人保存借据的存根,但是并不向人索取偿还。有德的人就像持有借据的人那样宽缓,无德的人就像掌管税收的人那样苛取。

自然的规律是没有偏爱的,经常和善人一起。

【章旨】

这一章老子主要强调统治者不要积怨于民。老子认为如果双方结怨太深,不论怎么调解,都难免留有余怨。如果统治者残暴不仁,法令苛刻,就会使得矛盾激化,百姓怨念丛生,难以调解,从而酿成祸乱。因此,老子主张,对待百姓应该施行德政,有德者有天下,无德者失天下。西汉初年统治者好黄老,实行休养生息政策,就以德政取得了民心,社会经济很快得到了恢复和发展。

老子在这里所说的"天道无亲,常与善人",是一种美好的愿望。司马迁在《史记·伯夷列传》中就针对叔齐、伯夷品行高洁却饥饿而死的厄运,提出了质疑。

八十章

　　小国寡民。使有什伯之器而不用①;使民重死而不远徙②;虽有舟舆,无所乘之③;虽有甲兵,无所陈之④;使民复结绳而用之⑤。

　　甘其食,美其服,安其居,乐其俗。邻国相望,鸡狗之声相闻,民至老死,不相往来⑥。

【注释】

①小国寡民,使有什伯之器而不用:小国寡民,这是老子在古代农村社会基础上所理想化的民间生活情景。什伯之器,指各种器具、机械。什伯,即十倍、百倍,泛指众多。

②使民重死而不远徙:重死,把死亡看得很重,也即重视生命。徙,搬迁。

③虽有舟舆,无所乘之:无所,没有因由,没有必要。

④虽有甲兵,无所陈之:甲兵,战服和兵器,这里泛指武器装备。陈,陈列,引申为使用。

⑤使民复结绳而用之:结绳,远古没有文字,人们依靠在绳上打结以帮助记事。

⑥往来:此处指春秋时期百姓常年遭受的征召徭役之苦,并非指邻里亲朋间的自由来往。

　　国土狭小人民稀少。即使有十倍百倍于人工的器械却并不使用;使人民重视死亡而不向远方迁移;虽然有船只车辆,却没有必要去乘坐;虽然有武器装备,却没有必要去使用它们;虽然有文字,却使人民恢复到结绳记事的状态。

　　使人民有甜美的饮食、美丽的衣服、安适的居所、欢乐的习俗。邻国之间可以互相看得见,鸡鸣狗吠的声音可以互相听得着,人民从生到死,过着安定祥和的生活。

【章旨】

　　这是老子描绘的理想国。在他的理想国中,应该国土面积不大,人口稀少,即使有十倍、百倍功效的机械也不运用。舟车备而不用,甲兵废弛,民复结绳记事。在这里,百姓有甜美的饮食、美丽的衣服、安适的居所、欢乐的习俗。因为国家都很小,所以邻国之间可以互相看得见,鸡鸣狗吠的声音可以互相听得到。

　　对理想国的憧憬,是关心人生和民生的哲学家的共同愿望。老子的理想国,是农业社会的特殊产物。他诗意的描绘,对中国古代产生了巨大的影响。

八十一章

信言不美,美言不信①。
善者不辩,辩者不善②。
知者不博,博者不知。
圣人不积,既以为人己愈有,既以与人己愈多③。
天之道,利而不害;人之道,为而不争。

【注释】

①信言不美,美言不信:信言,真话,由衷之言。美言,华美之言,巧言。

②善者不辩,辩者不善:辩,会说话,巧辩。

③圣人不积,既以为人己愈有,既以与人己愈多:既,尽,全部。

【今译】

真实的言辞不华美,华美的言辞不真实。

良善的人不巧辩,巧辩的人不良善。

真正了解的人不广博,广博的人不是真正了解。

有道的圣人不私自积藏,他尽量帮助别人,自己反而更充足;他尽量给予别人,自己反而更丰富。

自然的规律,利物而无害;做人的准则,施与而不争夺。

【章旨】

本章是《道德经》的最后一章,采用了格言警句的形式。本章的格言,可以作为人类行为的最高准则,像信实、讷言、专精、利民而不争。老子这种格言形式的文体,对后世影响很大。先秦诸子里很多篇章就仿效这种形式,比如《荀子》一书的一些篇目。

CHONGWENGUAN

"崇文国学经典" 书目

诗经	古诗十九首 乐府诗选
周易	世说新语
道德经	茶经
左传	资治通鉴
论语	容斋随笔
孟子	了凡四训
大学 中庸	徐霞客游记
庄子	菜根谭
孙子兵法	小窗幽记
吕氏春秋	古文观止
山海经	浮生六记
史记	三字经 百家姓 千字文 弟子规
楚辞	声律启蒙 笠翁对韵
黄帝内经	格言联璧
三国志	围炉夜话